Dieses Büchlein ist meinem hochverehrten Lehrer Sri Ganapathi Sachchidananda Swamiji gewidmet.

Susanna Sarasin

Die Kraft des Fokus

Die Deutsche Nationalbibliothek verzeichnet diese Publikation in der Deutschen Nationalbibliografie; detaillierte bibliografische Daten sind im Internet über http://dnb.dnb.de abrufbar.

Herstellung und Verlag: BoD – Books on Demand, Norderstedt
ISBN: 978-3-8370-1059-6

Inhaltsverzeichnis

Einführung

Eben habe ich Band 3 meiner Bücherreihe beendet. Er wird nun von meiner Schwester Rosemarie, meinem Bruder Charles und meinem guten Freund Andreas kritisch durchleuchtet. Anschliessend werde ich die gefundenen inhaltlichen Ungereimtheiten sowie die stilistischen bzw. orthographischen Fehler beheben. Bereits seit geraumer Zeit weiss ich, dass es einen vierten Band geben wird. Auch das Hauptthema ist mir klar: *Die Kraft des Fokus* mit dem dazugehörigen *Filterprinzip* in unserem irdischen Leben. Doch wie ich die entsprechenden Inhalte abrufen soll, blieb mir bis jetzt ein Rätsel. Ich hatte nicht den Eindruck, über das entsprechende Wissen zu verfügen.

Damit du – lieber Leser – dennoch nicht in der Luft hängen bleibst, erfolgt hier eine kurze Einführung in das Thema dieses Buches:

Die Kraft des Fokus wurde bereits in Band drei thematisiert und soll nun vertieft wieder aufgenommen werden. Dabei handelt es sich meiner Ansicht nach um ein Grundprinzip, das ein irdisches Dasein in dieser Form, wie wir sie erleben, erst möglich macht. Der Fokus bezeichnet in diesem Zusammenhang die Kraft, sich auf etwas so sehr zu konzentrieren, dass dabei automatisch alles ausserhalb des anvisierten Bereichs ausgeblendet wird. Dieses Ausblenden wird in der Folge als *Filterprinzip* bezeichnet. Das besagte Prinzip ist sozusagen eine Überlebensstrategie von unserem Hirn. Es stellt sicher, dass wir nicht von Informationen überflutet werden, die unsere Verarbeitungskapazität überschreiten. Gemäss dieser Definition können wir also davon ausgehen, dass wir mit unserem Wachbewusstsein einen sehr eingeschränkten Teil von möglichen Impulsen aus der Umwelt erfassen. Das bedeutet, dass offensichtlich viel mehr Aktivität und Bewegung rund um uns herum stattfindet, ohne dass wir etwas davon merken. Je nach dem, wo wir unsere Konzentration bzw. unseren Fokus hinwenden, erleben wir eine ganz spezifische Realität, die wir meistens als einzig gültige Form anerkennen.

Einen Fokus können wir sehr bewusst setzen, wie ich dies beim Schreiben dieser Zeilen mache. Vielfach handelt es sich aber auch um unbewusste Vorgänge: etwas zieht plötzlich unsere Aufmerksamkeit in Bann. Anschliessend haben wir die Wahl, das aufgetauchte Phänomen weiter zu verfolgen oder den Fokus wieder umzuwenden, um anderen Interessen nachzugehen. Gerade wenn ich nach Antworten auf ungelöste Fragen suche, lasse ich mich gerne ein bisschen treiben und hoffe, dass mir meine kreative Seite unvermittelt Ideen „ins Bewusstsein schaufelt". Eine Kostprobe davon wirst du – lieber Leser – gleich im Anschluss bekommen. Wenn du das Buch aufmerksam liest, wirst du erkennen, dass ich beides – den gezielt gesetzten Fokus sowie zufällig auftauchende Inhalte – sehr bewusst nutze. Und damit kommen wir zum zentralen Anliegen dieses Buches:

Auf den folgenden Seiten möchte ich vor allem der Frage nachgehen, wie wir den Fokus und das Filterprinzip ganz bewusst zu unserem Vorteil nutzen können. Dabei wird vorwiegend der *bewusst gesetzte Fokus* behandelt. Natürlich sind auch die *unbewusst laufenden Vorgänge* sehr interessant. Diese dürften aber erst Teil eines weiteren Bandes werden, sofern überhaupt einer entstehen soll.

Nun beginnt die Reise in die Inhalte dieses Buches. Wie gesagt: ich werde mich Stück für Stück vorantasten müssen, nie wissend, wohin mich das Ganze schlussendlich führt.

Einstieg – 1. Versuch

Wir schreiben den 22. März 2015. Es ist ein Sonntag und ich geniesse eine wohltuende Massage. Die knetenden Hände gehören meinem treuen Ivan, einem begnadeten Therapeuten. Wir kennen uns schon längere Zeit. So habe ich mittlerweile ein grosses Vertrauen in seine feinfühligen, aber dennoch kräftigen Behandlungen.

Die letzten beiden Massagen waren für mich allerdings etwas befremdend gewesen. Zwei Wochen zuvor war ich auch hier gelegen. Meinen Körper hatte ich jedoch wie aus grosser Distanz wahrgenommen. Ich konnte die knetenden Hände von Ivan zwar spüren, aber innerlich blieb ich völlig unberührt. Es fühlte sich an, als würde dieser Körper gar nicht mir gehören. Auch eine Woche später trat dieses Phänomen wieder auf, aber in etwas abgeschwächter Form. Dennoch stellte ich mir die Frage, ob ich möglicherweise eine Pause benötigte. Schliesslich arbeiteten wir schon eine geraume Zeit zusammen. Die wöchentlichen Massagen erlaubten mir nämlich, weitgehend schmerzfrei mit meinem Rücken klar zu kommen.

Während ich nun so dalag, begann ich mich plötzlich zu erinnern. Die Bilder waren von grosser Klarheit und mein Gefühl sagte mir, dass es sich hier um ein reales Geschehen handelte. Folgendes nahm ich wahr: Der Zweite Weltkrieg tobte. Ich erlebte ihn aber nicht als menschliches Wesen. Vielmehr befand ich mich auf der geistigen Ebene. Aufgrund meiner damaligen Ausbildung war mir die Aufgabe übertragen worden, sterbende Personen abzuholen. Dabei kümmerte ich mich vorwiegend um vergaste Juden. Durch den gewaltsamen Tod befanden sich die Betroffenen in einem Schockzustand und mussten entsprechend betreut werden. Die unglaubliche Gewalt in diesem Krieg, der Irrsinn, der hier wütete, all dies machte mich sogar auf der geistigen Ebene tief betroffen. Offensichtlich gelang es mir deshalb nicht, innerlich unberührt zu bleiben. Meine eigenen schmerzlichen Erfahrungen, die ich vorgängig in menschlichen Körpern gemacht hatte, wurden aktiviert. Dadurch zeigte sich, dass hier noch etliche Erlebnisse nicht ausreichend verarbeitet waren. Diese Erkenntnis führte unmittelbar zu meinem jetzigen Leben. Doch davon etwas später.

Während Ivan mich massierte, spürte ich, dass mein Körper sich zum ersten Mal wirklich hingeben und entspannen konnte. Ganz tief im Innern erkannte ich: „Hier und jetzt bin ich nicht bedroht. Mein Masseur ist absolut vertrauenswürdig und ehrlich bestrebt, meine Wünsche zu erfüllen." Erst jetzt wurde mir klar: in dieser Körperebene hatte nackte Angst geherrscht. Bei diesen Schichten handelte es sich um diejenigen, die noch nicht bereinigt waren. Hier schlummerten unverdaute Erinnerungen an schlimme Zeiten voller Grausamkeit. Kein Wunder, hatte ich mich bei der letzten Massage derart von meinem Körper distanziert. Ich war nicht therapiemüde, sondern scheute die Konfrontation mit diesen gespeicherten Schmerzen. Ebenso konnte ich endlich verstehen, weshalb ich oft unter sehr tiefen Anspannungen litt. Diese bescherten mir neben Ischias-Beschwerden und chronischer Migräne auch eine innere Unruhe. Das führte dazu, dass ich in meiner Freizeit häufig mein Haus verliess, mich in ein Tea-Room setzte und dort arbeitete oder las. In diesen Momenten fühlte ich mich jeweils frei und gut. Meine eigenen vier Wände jedoch beengten mich. Jetzt wusste ich, weshalb dem so war: meine tiefe Angst, körperlich bedroht zu sein, führte zu zwei Schutzmechanismen: entweder war ich in dauernder Bewegung (ich „floh" z.B. dauernd aus dem Haus) oder ich versteifte und verspannte mich völlig, verkroch mich in meine innere Welt. Beide Verhaltensweisen kennen wir aus der Tierwelt. Ein bedrohter Hase beispielsweise wird bei Gefahr versuchen zu flüchten und dabei Haken zu schlagen. Diese haben zum Ziel, seinen Fluchtweg für den Feind unberechenbar zu machen. So hat das Langohr gute Chancen zu entkommen. Ein Igel würde ganz anders reagieren. Er würde sich einrollen und versteifen, so dass die Stacheln einen Schutz bilden. Bei mir waren diese beiden Strategien abwechslungsweise aktiv. Dauernde Bewegung sorgte nicht nur für ein Gefühl der Sicherheit, sondern belebte mich auch. Gleichzeitig sorgte sie jedoch für Zustände der Erschöpfung. Das Versteifen und Einigeln fühlte sich ruhiger an, tat aber weh (Verspannungen) und konnte leicht in eine depressive Verstimmung gleiten.

Und jetzt diese grossartige Erkenntnis: ich durfte mich entspannen, ich war nicht mehr bedroht!

Um fähig zu sein, mich mit diesen stark traumatischen Bereichen befassen zu können, war vorgängig viel Arbeit nötig gewesen. Sachte war ich von meinem verehrten Lehrer und Meister Sri Ganapathi Sachchidananda Swamiji (s. Anhang) – oder kurz: Swamiji (sprich *Swamitschi*) – Schritt für Schritt an diesen Punkt herangeführt worden. Damals, bei meiner Arbeit mit den vergasten Juden, hatte ich aufgrund meiner unverarbeiteten Traumen eine gesunde Distanz zwischen dem Elend und mir verloren. Folglich musste bzw. muss ich nun in diesem Leben lernen, mich abzugrenzen, selbst wenn es um leidende Menschen geht. Diese Aufgabe war und ist für mich eine riesige Herausforderung. Lieber richtete ich mich selbst fast zugrunde, um all meinen Patienten helfen zu können. Erst als mein Körper einfach nicht mehr mithalten konnte, gelang es mir langsam, gewisse Grenzen zu setzen. Dabei begann ich zu lernen, dass es Kräfte gibt, die ich noch nicht kannte. Sie bewirken, dass Leben auf der Erde zeitweise sehr brutal ist. Um mit der entsprechenden Not arbeiten zu können, muss ich Zugang zu diesen Kräften finden. Nur wenn ich sie verstehen lerne, bin ich fähig, in *weiser* Form zu helfen. So zwang mir das Leben eine harte Schule auf. Immer wieder geriet ich in Situationen, in denen ich mich in einer Form abgrenzen musste, die für mich sehr schmerzhaft war. Beispielsweise fand ich keine Möglichkeit, meinen alten Vater im Pflegeheim zu besuchen, obwohl er bereits im Sterben lag. Ich fühlte mich zu schwach dafür, war ich doch ständig an der Grenze des Zusammenbruchs. Auch meine Mutter, die ich innig liebe, überliess ich ihrem unschönen Schicksal: sie war einsam, überfordert und litt erbärmlich. Dies zu sehen, schmerzte unglaublich. Aber ich war einfach nicht in der Lage, hier andere Formen zu finden. Meine Kräfte reichten schlicht nicht aus. So lernte ich auszuhalten und höhere geistige Instanzen um Hilfe zu bitten.

Ich gehe davon aus, dass viele Seelen aus dem Zweiten Weltkrieg heute in meinem Leben sind. Eine davon kann ich klar identifizieren. Als ich diesen jungen Mann kennen lernte, war er mir sofort sehr sympathisch. Allerdings steckte er voller Probleme. So bot ich ihm meine Hilfe an. Bald merkte ich, dass er grosses Interesse an spirituellen Themen hatte.

Allerdings waren seine Gedanken sehr ungeordnet und chaotisch. In interessanten Gesprächen konnte ich ihm helfen, viele Fragen zu klären. Eines Tages eröffnete er mir, dass er ein Buch schreiben wolle. Als ich ein bisschen bohrte, stellte sich heraus, dass er seit seiner Kindheit absolut fasziniert war vom Zweiten Weltkrieg. Er hatte viel darüber gelesen und sich sein eigenes Bild über die Abläufe und vor allem die Rolle von Hitler gemacht. Er wollte verstehen, was wirklich gelaufen war und hatte teilweise abenteuerliche Theorien. Heute weiss ich: es ist ein Versuch, mit dieser Zeit einen Frieden zu finden. Ich konnte nämlich feststellen, dass er damals einer der „Täter" gewesen war, eingebunden in ein gnadenlos hartes System. Trotz seiner Treue zum Regime kam er um. Die genauen Umstände sehe ich jedoch nicht.

Heute sucht der junge Mann eine Lösung zu seiner tiefen Frage: wieviel Struktur im Leben ist gesund, und vor allem auch: welche Struktur? Dass er klare Grenzen benötigt, damit sein Leben funktioniert, ist ihm mittlerweile klar. Aber er kann noch nicht ganz abschätzen, welcher Art sie sein müssen. Er spürt einfach, dass gewisse Umstände eine innere Weiterentwicklung ermöglichen, andere eher blockierend wirken. Da dieses Thema für unser Leben sehr zentral ist, wird es im Verlaufe dieses Buches noch mehrfach auftauchen, besonders in Kapitel 3.

Jedoch noch einmal zurück zu meinem Klienten: als dieser junge Mann in die Therapie kam, war er noch sehr bestrebt, in Hitler eine weise Person zu sehen. Er war der Ansicht, dass man dem Führer viel zuschrieb, das er gar nicht verschuldete. Wie bereits erwähnt, war dies ein verzweifelter Versuch des Mannes, mit seinem letzten Leben ins Reine zu kommen. Immerhin war er an der Ermordung vieler Menschen beteiligt gewesen.

So, da hätte ich also einen Start für Buch 4 gemacht. Aber wie jetzt weiter? Wie soll ich nun zum Hauptthema des Buches überleiten? Irgendwie bleibe ich hier stecken, finde keine befriedigende Fortsetzung. Vielleicht sollte ich anders beginnen, weiter vorne in meiner Geschichte. Also ein neuer Versuch.

Einstieg – 2. Versuch

Entspannt sitze ich da und geniesse ein bisschen freie Zeit. Unvermittelt tauchen Bilder vor meinem inneren Auge auf. Sofort werde ich aufmerksam und versuche, klarer zu sehen, worum es sich handelt. Augenblicklich spüre ich mich schwebend in einem Raum. Ich befinde mich auf der geistigen Ebene und halte mich mit anderen Seelen hier auf. Unter uns liegen in vielen Reihen verletzte Männer. Wiederum handelt es sich um den Zweiten Weltkrieg. Diesmal kümmern wir uns um die Seelen in einem Lazarett. Wir teilen die verschiedenen Reihen unter uns auf. Mit anderen Geistwesen zusammen bin ich für einen Sektor verantwortlich. Dort unterteilen wir die Männer noch einmal in Gruppen: Überlebende und dem Tod geweihte. Ich muss mich um die Überlebenden kümmern. Meine Aufgabe besteht darin, ihren Geist so zu lenken, dass sie mit heilenden Energien in Kontakt kommen. Gleichzeitig muss ich sie vom Geruch des Todes abschirmen, der den Raum beherrscht. So können wir sicherstellen, dass diese Männer einerseits körperlich genesen, andererseits aber auch von seelischen Traumen nicht innerlich aufgefressen werden. Einer dieser Überlebenden scheint mein lieber Masseur Ivan zu sein. Ob es wohl Zufall ist, dass er sich in diesem Leben darum bemüht, mir mit viel Hingabe hilfreich zur Seite zu stehen?

Im Hintergrund spüre ich Swamiji, der meine Schritte überwacht. Bereits dort erkennt er meine Tendenz der ungenügenden Abgrenzung von Leid. Mir selbst scheint es zu diesem Zeitpunkt nicht bewusst zu sein. Wahrscheinlich bekomme ich aus diesem Grund später die Aufgabe, vergasten Juden beim Übertritt ins Jenseits zu helfen. Erst dort wird mir nämlich klar, dass ich ein Problem habe. So führte und führt mich mein Meister immer wieder in Situationen, die mir erlauben, meine wunden Punkte wahrzunehmen. In der Folge bekomme ich dann die Gelegenheit, sie zu bearbeiten und mich somit immer mehr meiner zentralen Kraft zu nähern: meiner lichtvollen Seelennatur. Da ich offensichtlich meistens einsichtig bin, braucht es in der Regel nur kurze Abstecher in Bereiche, in denen meine ungelösten Themen sichtbar werden. Anschliessend bin ich sofort bereit, mir mittels spezifischer Lebenssituationen das entsprechende Wissen sowie die Fähigkeiten anzueignen, die ich für eine gute Reifung benötige. Es scheint, als könne ich dadurch recht schnelle Fortschritte machen.

Stopp! Mit diesem Anfang wird meine Ausgangslage für Band 4 nicht besser. Vielleicht erliege ich sowieso einem grundlegenden Irrtum: weshalb sollte ich den Start meiner Ausführungen so weit in die Vergangenheit zurückverlegen? Eigentlich gäbe mein jetziges Leben genügend Stoff her, um die folgenden Seiten und zusätzlich weitere Bücher zu füllen. Also noch einmal von vorne!

Einstieg – 3. Versuch

Was ist mit mir los? Ganz einfach: zu Beginn meines Lebens lief einiges schief. Hier folgen einige der wichtigsten Fakten, welche den Lesern des ersten Bandes dieser Bücherreihe (s. Literaturverzeichnis und Anhang E) bereits teilweise bekannt sind:

Als ich auf die Welt kam, wurde ich – wie damals üblich – unter Einbezug aller medizinischen Errungenschaften entbunden, also in völlig steriler Manier. Meine Mutter wurde zudem mit Lachgas belämmert, weil man ihr einen Dammschnitt machen musste. Sie war also nicht wirklich da. Die Ärzte waren sowieso nicht da, weil sie keinen Sinn für die Seele des Kindes hatten. Ich war folglich alleine und orientierungslos. War ich überhaupt willkommen? In meiner Not spaltete ich mich vom Körper ab. Ich sehe mich noch heute im Gebärsaal an der Decke schweben. Gleissendes Licht irritierte mich und ich war wütend auf die Ärzte, die ich für die missliche Situation offensichtlich verantwortlich machte.

Weil mich meine Mutter nicht stillen konnte, lag ich die erste Zeit meines Lebens ausserhalb des Mutterleibs mehrheitlich auf der Säuglingsstation und wurde von den Schwestern mittels Schoppen ernährt. Leider gaben sie mir zu wenig Milch, wie sich nach einigen Tagen herausstellte. Ich bekam also nicht nur zu wenig Mutter bzw. Zuwendung, sondern auch noch zu wenig Essen.

Später, als ich zu Hause war, liess mich meine Mutter – wie man ihr das empfohlen hatte – oft einfach schreien: es stärke die Lungen.

Mit ca. 6 Monaten gaben mich meine Eltern ferienhalber in ein Säuglingsheim, damit sie sich erholen konnten. Ich „verlor" folglich meine erste Bezugsperson in diesem Leben: meine Mutter. Im Heim kümmerte man sich offensichtlich sehr gewissenhaft um mich. Ich wurde üppig ernährt, so dass ich schlussendlich kugelrund war. Wie „gesund die kleine Susi" plötzlich aussah! Doch war dies wirklich ein „gesunder" Babyspeck? Oder war hier bereits etwas aus dem Lot geraten?

All diese misslichen Umstände hatten nämlich bewirkt, dass etwas in mir aufgab, tiefere Bedürfnisse zu äussern. Es war eh niemand da gewesen, der mich gehört hätte: weder seelische (Beziehung) noch körperliche (Essen) Bedürfnisse waren beachtet worden. Ich musste also einen eigenen Weg suchen, um zu überleben. Den fand ich auch: ich kapselte mich innerlich ein und bildete eine dichte, undurchdringliche Schutzhülle rund um mich herum. So war wenigstens mein Kern in Sicherheit. Gleichzeitig wurde ich eine verbissene Kämpferin. Die entsprechenden Strategien zeitigten zumindest teilweisen Erfolg. Aber innerlich, im isolierten Teil, blieb eine grosse Leere, die ich später mit Essen zu füllen versuchte (Bulimie). Die Scham über das, was ich machte (mich vollstopfen und dann erbrechen), wurde aber zu gross. Folglich wurde ich magersüchtig. Zusätzlich entwickelte ich Zwänge, um die Stabilität meines sehr wackeligen Konstrukts bewahren zu können. Zum Glück gelang es mir, wenigstens im beruflichen Bereich sehr erfolgreich zu sein. Dies gab meinem Leben Sinn und mir selbst Halt.

Aber dennoch stehe ich jetzt hier, magersüchtig mit allen entsprechenden Symptomen, innerlich einsam, unter Ängsten und Zwängen leidend. Mein Leben wirkt aus dieser Warte heraus betrachtet wie ein einziger, grosser Scherbenhaufen.

Doch jetzt hat eine Bewegung eingesetzt. Wie kam es dazu?

In einem Kurs erkannte ich plötzlich, dass ich als Baby einmal aufgegeben hatte, mit der Umwelt in einen tieferen Kontakt zu treten. Ich sah auch, dass dies ein Kernproblem meines aktuellen Zustandes war. Diese Einsicht (dass ich aufgegeben hatte) war mir völlig neu. Bisher hatte mir mein Kämpfer-Teil die Sicht auf das darunter liegende Elend versperrt. Theoretisch wusste ich zwar, dass in der Tiefe wohl eine grosse Not bestand, aber ich hatte keinen wirklichen Zugang zu ihr gehabt. Jetzt kann ich den Ursprung meiner inneren Leere klar sehen. Doch wie gelang mir dieser Schritt?

In einem Kurs mit Peter Levine über Entwicklungstraumen sollten wir uns in einer Übung zu Musik bewegen. Dabei galt es, sich wie schwebendes Plasma zusammenzuziehen und wieder auszudehnen. Ich folgte also meinem inneren Rhythmus und zog mich zusammen. Dort blieb ich aber hängen. Der erwartete Impuls zur Ausdehnung blieb aus. Diese Erfahrung befremdete mich, denn bisher hatte ich immer darauf vertrauen können, dass ein innerer Antrieb mir jeweils einen weiteren Schritt im Leben ermöglichte, eine Öffnung zu neuen Erfahrungen in dieser Welt. Doch diesmal kam nichts. Ich blieb im zusammengezogenen Zustand kleben. In diesem Moment anerbot sich Peter, mir zu helfen. Er führte meine vor dem Bauch verschränkten Arme nach oben und öffnete sanft meine zu Fäusten zusammengezogenen Hände. Dann führte er mich wieder zurück und wiederholte die Bewegung noch einige Male. Während dieses Prozesses erkannte ich aus meiner eigenen Tiefe heraus, dass es nun darum ging, meinen zutiefst verletzten, eingekapselten Säuglings-Teil zu öffnen. Trotz meiner Ängste und meiner Scham über die entgleisten Bereiche in meinem Leben musste ich mich der Welt zuwenden und mir eine neue Chance geben, in einen positiven Austausch mit ihr zu treten. Falls ich dies nicht tun würde, bliebe meine Abspaltung vom inneren Kern bestehen und damit auch meine missliche Situation. Das Leben in einem Körper wäre für mich weiterhin beschwerlich, weil ich nach wie vor vieles als bedrohlich empfinden würde. Diese Konstellation würde es mir zudem verunmöglichen, meine spirituelle Welt mit der grobstofflichen Welt (meine Körperlichkeit, meine Lebensumgebung) in einer konstruktiven Form zu vereinen. Doch genau in dieser Verbindung steckt eine riesige Kraft. Diese würde ich nutzen können, wenn ich den erforderlichen Schritt vollzöge. Diese tiefe Erkenntnis hatte zur Folge, dass mich ein tränenreiches Elend übermannte: meine verkorkste Situation wurde mir voll bewusst und erschütterte mich.

In diesem Augenblick waren unvermittelt meine Kurskolleginnen an meiner Seite und standen mir mit viel Einfühlungsvermögen bei. Plötzlich verspürte ich den Impuls, die tröstende Hand einer der Frauen zu ergreifen und dort Geborgenheit und Gehaltensein zu finden. So etwas hatte ich noch nie gemacht. Sie reagierte sofort auf mein Signal und hielt mich fest. Zum ersten Mal erlebte ich, dass das Äussern eines tiefen Bedürfnisses nach Zuwendung beantwortet wurde. Nun konnte eine Heilung beginnen.

Und jetzt? Jetzt sitze ich wieder zu Hause und fühle mich in den Körper eines Säuglings versetzt. Dieser Säugling wirkt aber ordentlich genährt und zufrieden. Ich spüre, dass ich jetzt meine Geschichte umschreiben darf/muss. In der ständigen Präsenz des Säuglings, allerdings in einem Erwachsenenkörper mit einem Erwachsenenbewusstsein, muss ich nun neue Erfahrungen machen, und zwar im Umgang mit meinen zentralen Sehnsüchten nach Beziehung und nach Nahrung. Dabei werde ich wohl alle Entwicklungsstufen durchlaufen müssen, auch diese der „Trotzphase" und der Phase, in der man sämtliche Grenzen überschreiten will. Das heisst, ich muss auch lernen, dass sich nicht immer alles nur um mich drehen muss, dass es aber durchaus eine Welt gibt, die mir zuhört und auf meine Bedürfnisse reagiert. Vielleicht kann ich in diesem Prozess auch meine tiefe Scham überwinden, dass ich so bin, wie ich bin. Sie ist sehr schmerzhaft und blockiert mich in meiner Gefühlswelt massiv.

Auch dieser Einstieg in mein Buch tönt vielversprechend. Aber wiederum finde ich keinen Übergang zum Hauptthema des Buches. Nun wird langsam guter Rat teuer.

Einstieg – Das Finale

Meine Situation wird tatsächlich immer schlimmer statt besser. Nun habe ich drei Varianten eines Vorwortes geschrieben und weiss nicht, wie weiter. Ich könnte wohl noch 20 weitere schreiben, womit ich im Gesamten dann einfach 23 Möglichkeiten hätte, unter denen ich eine auswählen müsste. Sonst wäre ich genötigt, 23 verschiedene Bücher zu verfassen. Auch wenn die Kernaussagen von allen einigermassen identisch wären, würde ich die Themen wohl unterschiedlich darstellen.

Aber Halt: vielleicht gehe ich grundsätzlich falsch vor. Müsste ich mir nicht in einem ersten Schritt über den genauen Inhalt des Buches Klarheit verschaffen? Daraus ergäbe sich möglicherweise ganz von selbst ein sinnvoller Einstieg. Dann stecke ich jetzt aber endgültig fest, denn mir fehlt ganz klar ein Überblick über das Material, das in diesem Buch dargestellt werden soll. Der Inhalt erschliesst sich mir ja erst nach und nach.

Also wieder zurück zur ersten Strategie: *ich muss ein Vorwort auswählen*. Daraus heraus dürfte sich dann der Rest ergeben.

Hier, lieber Leser, stossen wir auf ein Problem, das wir alle kennen: bevor wir irgendwelche Schritte machen, möchten wir bereits wissen, wodurch und wohin sie uns führen. Das ist aber oft nicht möglich, besonders wenn wir uns in ein neues Projekt stürzen. Manchmal müssen wir einfach losmarschieren. Ein grober Hinweis auf die Richtung muss uns in diesem Fall genügen. Unterwegs lassen uns viele Erfahrungen Neues lernen, womit wir unseren Horizont allmählich erweitern können. Dann – irgendwo auf der Strecke – beginnen wir plötzlich zu verstehen. Wenn wir Glück haben, entrollt sich uns in diesem Moment eine ganze Menge an neuem Wissen.

Genau eine solche Situation blockiert nun das Schreiben dieses Buches: ich sollte eine *Entscheidung* treffen, ohne zu wissen, wohin mich das gewählte Vorwort schliesslich führen wird. Sobald ich eine Variante wähle, verwerfe ich aber gleichzeitig unzählige andere, die vielleicht besser wären. Zum jetzigen Zeitpunkt kann ich dies schlicht nicht beurteilen.

Weil ich nun ganz offensichtlich an Ort trete und einfach nicht weiter komme, muss ich wohl vorerst einmal inne halten und mir klar machen, was mich hier so plagt. Und siehe da – welch eine Freude – damit sind wir bereits mitten im Thema dieses Buches: durch eine *Entscheidung* würde ich meinen *Fokus* ausrichten und damit das *Filterprinzip* aktivieren. Doch nun muss ich mich wohl genauer erklären. Also steigen wir doch gleich ein und betrachten wir die ganze Geschichte in den folgenden Kapiteln.

Eigentlich wäre es korrekt, hier einen kurzen Überblick über den Inhalt des Buches zu geben. Doch – wie bereits ausführlich dargestellt – kann ich dies nicht leisten, weil ich ihn ja selbst noch nicht genau kenne. Du – lieber Leser – wirst also nicht umhin kommen, dich mit mir zusammen auf eine Reise einzulassen, deren Ablauf und Ende noch nicht absehbar sind. Das Einzige, das ich dir versichern kann: wir werden beide eine Menge über den Fokus und das Filterprinzip lernen.

Bevor wir ins Thema einsteigen, möchte ich mich noch bei meinen lieben Helfern bedanken. Mit viel Engagement standen mir die beiden Lektoren – meine Schwester Rosemarie und mein Freund Andreas – zur Seite. Das wunderschöne Titel-Foto verdanke ich meinem Bekannten Pierre. Alle drei Personen verhalfen dem Buch zur Geburt in der vorliegenden Form.

1 – Die Rolle des Fokus und des Filterprinzips

1.1 – Einführung

Es ist ein wundervoller Sonntagmorgen. Wir schreiben den 23. August 2015. Doch o je! Anstatt mich in Anbetracht dieser erfreulichen Tatsache frohgemut aus meinen Federn zu schwingen, wälze ich mich müde, lustlos und träge aus dem Bett. Immerhin: meine Disziplin reicht aus, um zumindest aufzustehen. In der Folge quäle ich mich vom Bad in die Küche, dann vor den Computer. Brav erledige ich meine Pflichten, aber der innere Schwung will sich einfach nicht einstellen. Also trinke ich einen feinen Kaffee. Aber auch das fruchtet nicht. Nun bleibt mir wohl nicht viel anderes übrig, als meinen Zustand zu akzeptieren und aufzupassen, dass ich nicht den ganzen Tag träge herumliege und am Abend völlig frustriert bin, weil ich nichts gemacht habe. Eigentlich hätte ich Lust, ein bisschen an meinem Buch weiter zu schreiben. Aber ich warte noch immer auf eine Eingebung, wie ich mit dem bereits vorhandenen Anfang weiterfahren soll. Obschon die Leitung zu meiner kreativen Seite stumm bleibt, bin ich standhaft und richte meine innere Aufmerksamkeit immer wieder auf das begonnene Buch. Da müsste doch gelegentlich eine Idee auftauchen!

Irgendeinmal am Nachmittag mache ich mich auf den Weg in eines meiner bevorzugten Stammlokale, einen „Italiener". Dort bestelle ich wie gewohnt meine „dunkle Schale" (dunkler Milchkaffee). Inzwischen weiss die ganze Belegschaft in diesem Restaurant, was eine dunkle Schale ist. Dieser Sonderwunsch gehört zwar nicht zu ihrem Sortiment, aber die Gastfreundschaft überwiegt und ich bekomme – im Gegensatz zu einzelnen anderen Lokalen – meine liebevoll gebraute Mischung, so wie ich sie gerne mag. Nun sitze ich auf der Terrasse und geniesse die wenigen Sonnenstrahlen, die sich heute den Weg durch die Wolkendecke bahnen. Aus dem Lautsprecher ertönt leise das Geplätscher des Radios. Aber ich schenke ihm nicht viel Beachtung, denn ich möchte ein bisschen lesen. Plötzlich ertönt aus einem offenen Fenster von einem der umliegenden Häuser laute Musik, vermischt mit Stimmen. Da scheint eine Party in Gang zu sein. Zuerst ärgere ich mich über die Ruhestörung, dann merke ich jedoch, dass mir die Musik ganz gut gefällt. Leider passt sie nicht unbedingt zu den Klängen aus dem Radio, womit der Geräusche-Mix eher unangenehm ist. So entscheide ich mich zu versuchen, das Radio einfach auszublenden. Ich konzentriere mich folglich auf die Partymusik und lasse mich von den Melodien ein bisschen wiegen. Dazu lese ich in meinem Schmöker weiter, der langsam spannend zu werden beginnt. Meine Strategie funktioniert erstaunlich gut, das Radio stört immer weniger. Mit der Zeit nehme ich es kaum noch wahr. Nun beginnt mich der Inhalt des Buches derart zu packen, dass ich ohnehin bald völlig in die Geschichte eintauche.

Nach einiger Zeit und vielen gelesenen Seiten ist mir, als tauche ich plötzlich aus einer völlig anderen Welt auf. Ich hatte alles um mich herum vergessen, nichts mehr gehört und auch nichts mehr gespürt. All meine Sinne waren vom Verlauf der Geschichte völlig in Beschlag genommen gewesen. Erst jetzt erkenne ich, dass die Party offensichtlich immer noch in Gang ist und auch das Radio noch plärrt. Zudem ist es mittlerweile recht kühl geworden, weil dicke Wolken die Sonne verdecken.

Fröstelnd und etwas benommen packe ich mein Buch ein und mache mich auf den Heimweg. Ich fühle mich noch richtiggehend benebelt. Meine Gefühlswelt ist von der Geschichte völlig belegt, so dass ich förmlich nach Hause schwebe. Das Fahrrad unter mir spüre ich nicht wirklich.

Unvermittelt schiesst ein Gedanke durch meinen Kopf: das eben Erlebte ist das Material für das erste Kapitel. Dieses Geschehen muss ich zu Papier bringen. Es zeigt in einer wunderschönen Form, wie der Fokus und das Filterprinzip funktionieren. Endlich ist die Blockade gelöst, ich habe eine Fortsetzung für mein Buch gefunden. Also kann ich mit dir, lieber Leser, die weitere Reise vornehmen. Zu diesem Zweck müssen wir nun die oben beschriebene Situation etwas genauer unter die Lupe nehmen:

Im Grunde genommen könnten wir die beiden Prinzipien in vielfacher Form in meinem Sonntag erkennen. Im folgenden Kapitel möchte ich mich aber vorerst auf zwei Varianten beschränken.

1.2 – Fokus und Filterprinzip als Auswahlverfahren

Wer ab und zu fotografiert, kennt die Situation: das Auge sucht ständig nach Objekten, die man bildlich festhalten möchte. Ist man fündig geworden, betrachtet man den Ausschnitt durch die Kamera. Dabei ist man sich bewusst, dass die Welt rund um das eingefangene Bild weiterhin existiert, doch dies interessiert einen in diesem Moment nicht. Man fokussiert einzig den gewählten Ausschnitt und rückt ihn in die Mitte des Bildes. Je nach Bedarf betätigt man noch das Zoom, um die wichtigsten Aspekte in vergrösserter Form einzufangen. Dann drückt man ab und nimmt in der Folge die Kamera vor dem Gesicht weg. Somit sieht man wieder die ganze Umgebung, die für eine Weile ausgeblendet war.

Im Grunde genommen sind wir alle Fotografen und studieren den ganzen Tag Bildausschnitte. Dies tun wir mit so viel Inbrunst, dass wir bei jedem Sujet unsere Umgebung förmlich vergessen. Was will ich damit ausdrücken?

Ohne uns dessen wirklich bewusst zu sein, fällen wir andauernd Entscheidungen. In diesen Momenten treffen wir eine Wahl. Meistens stehen uns in unserem Leben nämlich unzählige Varianten zur Verfügung, wie wir die nächste Zukunft (dies beinhaltet auch die nächste Minute) gestalten könnten. Da wir nicht gleichzeitig mehrere Möglichkeiten zu realisieren vermögen, beschränken wir uns auf diejenige, die uns am erfolgreichsten erscheint. Damit verwerfen wir natürlich eine Vielzahl von Abarten. Doch meistens verlieren wir daran keinen Gedanken mehr. Vielmehr konzentrieren wir uns auf unseren eingeschlagenen Weg und sind bereits damit beschäftigt, die nächste Entscheidung zu treffen. Falls wir uns nicht aktiv entscheiden, lassen wir die Gewohnheiten spielen. Diese haben wir uns im Verlaufe des Lebens angeeignet. Manche davon sind äusserst vorteilhaft, etliche leider eher hinderlich. So navigieren wir durch die Wellen der täglichen Herausforderungen.

Immer, wenn wir eine Entscheidung treffen, setzen wir einen Fokus. Das heisst: wir konzentrieren uns auf die gewählte Variante, in unserem Beispiel oben wäre dies der Bildausschnitt. Während wir dies tun, setzen wir automatisch einen Mechanismus in Gang: das Filter-prinzip. Unser Hirn ist nämlich in der Lage, aus einer riesigen Fülle von Sinneseindrücken alles herauszufiltern, das im Moment nicht von Interesse ist. Dadurch wird unser Bewusstsein nicht mit Impulsen über-schwemmt, die unsere Verarbeitungskapazität überfordern würden. Vielmehr vermögen wir so, ausgewählte Aspekte in unserem Alltag gründlich zu betrachten und zu studieren. Auf diese Art und Weise sind wir immer nur mit einer einzigen Lebenssituation beschäftigt. Im Ge-gensatz zum Fotografieren sind wir uns dabei nicht bewusst, dass rund um uns eine riesige Menge an Leben pulsiert, die uns teilweise erheb-lich beeinflusst. Unser Geist ist so sehr auf die momentane Situation fixiert, dass wir diese als einzige, momentan erlebbare Variante emp-finden. Wir sind also grosse Künstler im Ausblenden von unvorstell-baren Mengen an Impulsen, welche aus vielen verschiedenen Dimen-sionen ausgesendet werden. Das Hier und Jetzt empfinden wir als ab-solute Realität.

Nun schwenken wir zurück zu meinem Sonntag: auch hier traf ich Entscheidungen, was ich machen oder denken wollte (Fokus). Damit definierte ich jeweils, welche Impulse mein Bewusstsein erreichen sollten und welche zu diesem Zeitpunkt nicht erwünscht waren (Filter-prinzip). Doch nun der Reihe nach: als erstes möchte ich die Situation betrachten, in welcher die Prinzipien leichter erkennbar sind.

Als ich auf der Terrasse sass, wollte ich lesen. Da jedoch das Radio plärrte, wurde ich mit Impulsen aus zwei Quellen versorgt. Bald kam dann noch eine dritte dazu: die Party. Indem ich auf alle Seiten offen war, konnte ich mich auf nichts richtig konzentrieren. Folglich musste ich jede Zeile zweimal lesen, ehe ich begriff, was im Buch stand. Zu-dem hörte ich zwei unterschiedliche Melodien gleichzeitig, was nicht gerade berauschend tönte. So entschied ich mich in einem ersten Schritt, das Radio auszublenden, womit mein Hirn effektiv die entspre-chenden Klänge nicht mehr so intensiv in mein Bewusstsein schaufelte. Weil anschliessend der Inhalt des Buches spannend wurde, erreichten in der Folge nur noch die Impulse des Gelesenen mein Bewusstsein. Alles andere blendete ich so perfekt aus, dass ich die Welt um mich herum förmlich vergass. Nur dank dem Filterprinzip war es mir möglich, mein Ziel zu erreichen: nämlich in Ruhe lesen zu können.

Doch der Fokus und das Filterprinzip leisten noch viel mehr. Dafür betrachten wir nun denjenigen Aspekt in meiner Geschichte, der weniger auffällig ist.

Schon seit vielen Wochen suchte ich eine Lösung, wie mein Buch weitergehen könnte. Zu diesem Zweck richtete ich meine Aufmerksamkeit immer und immer wieder nach innen, analysierte die Situation und dachte etliche Möglichkeiten durch. Aber keine war befriedigend. Auch an diesem Sonntagmorgen wurde mein Denken völlig von meinem Buch in Beschlag genommen. In einem gewissen Sinne entschied ich mich jeweils, andere Gedanken zu verbannen und meinen Fokus intensiv in diese eine Richtung zu lenken. Und siehe da: endlich stellte sich der Erfolg ein, ich bekam eine Antwort. Dabei wurde mir gleich der gesamte Inhalt dieses Kapitels geliefert, und zwar in Form einer Erfahrung. Hier wird ein weiteres Phänomen sichtbar: nämlich die *Kraft*, welche im Fokus steckt. Indem die Konzentration auf einen bestimmten Punkt gelenkt wird, scheinen entsprechende Inhalte im Leben aufzutauchen. Weshalb dem so ist, wird u.a. in Kapitel 3.4 noch näher beleuchtet. Hier soll in einem ersten Schritt nur aufgezeigt werden, dass diese Kraft existiert und wir dadurch willentlich oder unbewusst Situationen in unserem Leben erschaffen. Wenn wir bewusst mit dem Fokus umgehen, haben wir ein Mittel zur Verfügung, mit dem wir angestrebte Ziele erreichen können. Allerdings kann uns die Kraft des Fokus auch zum Verhängnis werden, nämlich dann, wenn wir unsere Gedanken nicht in konstruktive Bahnen lenken. Ständiges Schwarzmalen beispielsweise ist für den Verlauf unseres Daseins eher nachteilig. Doch – wie bereits erwähnt – davon später mehr.

An dieser Stelle klagen vielleicht einige Leser, welche schon die ersten drei Bände gelesen haben, dass ich den Fokus und das Filterprinzip bereits in Band 3 ausführlich beschrieben hätte. Sie mögen sich fragen, ob mir vielleicht der Stoff ausgeht und ich mich nun ständig wiederholen werde. Dazu folgendes:

Ich denke, es gibt nur wenige wichtige Grundprinzipien, welche unser menschliches Dasein ermöglichen. Aber diese Prinzipien äussern sich in unterschiedlichsten Erscheinungsformen, so dass sie oft nicht so leicht erkennbar sind. Um aufzuzeigen, wie ich das genau meine, möchte ich kurz ausholen.

1.3 – Komplexität und Vielschichtigkeit von Grundprinzipien

Ausgangspunkt jeder physischen Erscheinung ist die Urenergie. Diese wird durch Transformationsprozesse in verschiedene Energieformen bzw. Energiequalitäten aufgespalten. Im *Polarity* (s. Glossar im Anhang) kennen wir fünf solche Energiequalitäten. Bereits diese wenigen Grundenergien ermöglichen jedoch eine riesige Bandbreite an unterschiedlichsten Lebensformen. Auf unserem Planeten erscheinen sie beispielsweise als Blumen, Tiere, Menschen und weitere Schöpfungen. Wie ist dies möglich?

Um das Prinzip etwas besser zu verstehen, führe man sich die Farben vor Augen:

Wir wissen, dass es nur drei Grundfarben gibt: Gelb, Rot und Blau. Jede ist Ausdruck einer ganz eigenen Energieschwingung. Nun besteht aber die Möglichkeit, diese Energien und folglich die drei Farben zu mischen. Dabei können unterschiedliche Mengen von Gelb, Rot und Blau genommen werden. Entsprechend der Mischverhältnisse entsteht dann eine ganz spezifische Farbe. Für den Betrachter ist es meistens sehr schwierig, den genauen Anteil der einzelnen Grundfarben bei einem Farbton zu erkennen. Dies hat wohl jeder schon erfahren, der versucht hat, eine Farbe genau nach Muster oder nach Vorstellung zu erzeugen. In meinem Farbkasten entstanden bei solchen Übungen oft unzählige Varianten, aber die gesuchte wollte mir nicht so recht gelingen. Allein dieser Versuch zeigt uns bereits, dass es aufgrund der drei Grundfarben wohl unendlich viele Möglichkeiten von Farbnuancen gibt.

Bei den Lebensprinzipien wird es noch ein bisschen komplizierter. Dies möchte ich anhand des folgenden Beispiels aufzeigen.

26

Wie bereits erwähnt kennen wir im Polarity fünf Grundenergien, die wir auch *Elemente* nennen: *Äther, Luft, Feuer, Wasser* und *Erde*. Diese Energien weben das gesamte feinstoffliche Grundmuster, das anschliessend zu Materie kristallisiert. Jede Energie hat ihre ganz besondere Beschaffenheit und erfüllt spezifische Aufgaben. Je nach Ebene, auf der ein Element betrachtet wird, sind unterschiedliche Funktionen erkennbar. Dies werde ich gleich veranschaulichen, indem ich die fünf Elemente je auf den folgenden Ebenen betrachte:

- auf der Ebene der *Entstehung von Materie* im Allgemeinen;
- auf der *mentalen Ebene* des Menschen;
- auf der *emotionalen Ebene* des Menschen;
- auf der *physischen Ebene* des Menschen.

Die *Ätherenergie* ist dafür verantwortlich, dass ein Raum entsteht, damit sich die anderen Energien manifestieren können. Zudem regiert sie diejenigen Eigenschaften der mentalen Ebene, die mit Gelassenheit, Frieden und innerer Ruhe verbunden sind. Emotionen gehören ganz allgemein in ihren Wirkungskreis. Äther schafft nämlich den Raum, in dem die Gefühle frei, ausgewogen und harmonisch fliessen können. In einem spezifischeren Sinn regiert dieses Element das Gefühl des Kummers. Auf physischer Ebene ist Äther der Herrscher des Nackenbereichs.

Luft ist das Element der Bewegung insgesamt. Bevor eine Manifestation in der Materie möglich ist, müssen die Energien sich bewegen. Auf mentaler Ebene ermöglicht dieses Element ein bewegliches Denken. Im emotionalen Bereich ist es das Grundelement der herzlichen Gefühle. Physisch reguliert es Herz, Kreislauf und Lunge.

Durch das *Feuerelement* bekommt die Bewegung eine Richtung. So gelangt jede einzelne Energieform an ihren spezifischen Platz im Gesamtsystem der Energien. Feuer verleiht uns auf mentaler Ebene einen klaren Verstand und ist auf emotionaler Ebene Schirmherr von Freude und Optimismus. Physisch herrscht es u.a. über die Verdauung und gibt uns Wärme. Zudem beinhaltet es die Vital- und Heilkräfte.

Auf der Ebene der *Wasserenergie* suchen die Energien ihre endgültige Manifestation in der Form. Was vorher feinstofflich war, beginnt sich nun zu festigen. Wasser ermöglicht auf mentaler Ebene ein tolerantes Denken, das in einer guten Verbindung mit den Gefühlen steht. Zudem schenkt es uns eine rege Intuition. Emotional hat es primär mit Lust, Mässigung und Verhaftung zu tun. Auf physischer Ebene lenkt Wasser die Absonderung von Flüssigkeiten (ausser Blut), ist also wesentlich an Reinigungsvorgängen und der Ausscheidung von Urin beteiligt. Es ist das Element, das am engsten zur Sexualität in Beziehung steht.

Dank der *Erdenergie* erfolgt nun die endgültige Umsetzung von Energie in Materie. Zudem schafft das Element die Grundlage für einen ruhigen Verstand und gute Stabilität. Emotional sorgt es für Geduld, Ausdauer und Mut. Bei ungünstiger Konstellation kann es aber auch zu Angst führen. Auf Körperebene wird Erde u.a. dem Darm, den Knien, den Knochen und dem Blut zugeordnet.

Bereits diese absolut rudimentäre Darstellung der fünf Elemente zeigt auf, wie sich die Grundenergien für uns Menschen in sehr variantenreichen Gestalten präsentieren. Dennoch ergibt sich alles in allem eine überschaubare Menge von Ausdrucksformen. Aber so einfach macht es uns die Schöpfung nicht, denn:

Auf jeder Ebene und in jedem Bereich sind stets alle Elemente gemeinsam vertreten, allerdings in sehr unterschiedlicher Mischung. Obwohl Knochen z.B. primär vom Erdelement regiert werden, fliessen die anderen Elemente in einer mehr oder weniger grossen Menge mit. Auch bei einem Knochen muss nämlich die Ätherenergie als erstes ein Feld schaffen, in dem sich Materie manifestieren kann. Zudem findet selbst in diesem fest scheinenden Material Bewegung statt (Luft), die in eine bestimmte Richtung gelenkt wird (Feuer) und sich schlussendlich zu Materie verdichtet (Erde). Von einem anderen Standpunkt aus betrachtet weiss man, dass auch ein Knochen einen Anteil an Flüssigkeiten beinhaltet (Wasser). Ausserdem bedingt der Knochenstoffwechsel verschiedene, zielgerichtete Bewegungen (Luft und Feuer). Diese sorgen für Ab- und Aufbauprozesse verbunden mit Einlagerung von Kalzium und für vieles mehr.

Ein Knochen ist also ein komplexes Zusammenspiel der fünf Elemente. Besteht zwischen den einzelnen Elementen eine Harmonie, verfügen wir über einen gesunden Knochenbau. Mit Harmonie meine ich nicht, dass ein gesunder Knochen eine klar definierte Menge von jedem Element enthalten muss. Dies kann sehr stark variieren, entsprechend variantenreich sind die Skelettteile verschiedener Menschen bezüglich Härte, Elastizität, Form etc. Harmonie ist vielmehr ein Ausdruck davon, ob die Verhältnisse der Elemente mit der gesamten Persönlichkeit ein Bild ergeben, das in sich stimmig ist. Man kann dies mit Musik vergleichen: jede Zelle entspricht einem Musikinstrument in einem Orchester. Die Kunst besteht nun darin, dass die vielen einzelnen Stimmen ein wunderbares musikalisches Werk ergeben. Folglich muss jedes Instrument die passenden Töne im richtigen Rhythmus erklingen lassen, damit keine Kakophonie entsteht. Mit der gleichen Orchesterbesetzung lassen sich unendlich viele Melodien komponieren. Dabei gibt es keine richtigen oder falschen. Bei der Umsetzung kann es dann sehr wohl korrekte und fehlerhafte Versionen geben, je nachdem, ob die Instrumente ihren Teil gemäss Partitur spielen oder nicht. Ist letzteres der Fall, passen sie nicht ins Gesamtbild, sei dies nun ein klassisches oder aber ein modernes Werk, das gezielt mit Disharmonien arbeitet.

Führen wir nun das Beispiel des Knochens weiter, ergibt sich auf Körperebene (ohne emotionale und mentale Ebene) ein komplexes Bild. Unzählige Zellen gruppieren sich hier zu Zellverbänden. Diese wiederum bilden neben den Knochen mit Knochenmark, Knorpel, etc. auch Blutgefässe, Blutkörperchen, Organe und vieles mehr. Bedenkt man nun, dass bei jedem Körperteil die Mischung der Elemente recht verschieden ausfallen kann, gibt es eine unfassbare Menge an Möglichkeiten. Entsprechend individuell ist jeder einzelne Mensch auf dieser Erde. Solange das Gesamte einer Person in einer angemessenen Harmonie schwingt, erfreut sich das entsprechende Individuum einer guten Gesundheit. Bestehen Disharmonien, manifestieren sich Krankheiten. Die Kunst der Ärzte besteht nun darin, die fehlerhaften Teile im „Orchesterwerk Mensch" zu finden und mit geeigneten Mitteln zu beheben. Im *Ayurveda* (s. Glossar im Anhang) und in der traditionell chinesischen Medizin wird beispielsweise genau untersucht, welche Elemente grundsätzlich aus dem Gleichgewicht geraten sind. Mittels Kräutern, Akupunktur, Massagen, Ölgüssen und weiteren Techniken wird versucht, wieder eine Harmonie herzustellen. Bis man diese Kunst beherrscht, sind lange Studien notwendig. Schliesslich muss man aus der komplexen Verflochtenheit der Energien einzelne Grundenergien herauskristallisieren und entsprechend behandeln können.

An dieser Stelle möchte ich wieder zu den Grundprinzipien zurückkehren, die wir in diesem Kapitel diskutiert haben: Fokus und Filterprozess. Einzeln betrachtet sind sie sehr leicht zu verstehen. Doch Leben ist äusserst vielschichtig, womit diese Grundprinzipien nicht immer so einfach zu erkennen sind. Wichtig ist, dass sie in einem ersten Schritt gut begriffen werden. Erst dann ist eine Weiterführung sinnvoll. Somit werde ich mich nicht unendlich wiederholen, sondern das bereits behandelte Material mehr und mehr vertiefen.

Und – hurra – endlich gibt es eine Lösung dafür, wie die Buchanfänge zu verarbeiten sind. Möglicherweise muss ich einfach herausfinden, welche Grundprinzipien in allen drei Varianten des Vorworts spielen. Dies dürfte uns dann auf eine weiterführende Spur bringen. Folglich werde ich in Kapitel 2 eine entsprechende Analyse vornehmen.

2 – Analyse der Vorworte

2.1 – Einleitung

Nun sollte also eine Analyse der drei Buchanfänge erfolgen. Doch das Leben geht seine eigenen Wege: eben habe ich erkannt, dass ich zuerst meine Erfahrungen der letzten Wochen erzählen muss. Also werde ich den drei Vorworten eine weitere Geschichte aus meinem Leben beifügen, womit ich dann in Kapitel 2.3 vier Texte auf ihre Gemeinsamkeit hin überprüfen muss.

2.2 – Eine weitere Geschichte: Navaratri 2015

Heute, am 31. November 2015, beginne ich mich endlich wieder einigermassen normal zu fühlen. Was war passiert?

Schon seit vielen Wochen stehe ich unter einem enormen inneren Stress. Ich hatte mich nämlich entschieden, wieder einmal mit einer Gruppe nach Indien zu reisen, um am *Navaratri* (s. Glossar im Anhang) teilzunehmen. Dieses Unterfangen ist für mich jeweils nicht einfach, denn in gewissen Bereichen stosse ich heftig an meine Grenzen. Der wohl wichtigste Aspekt ist das Essen. Wir werden dort zwar immer sehr gut bekocht, aber für mich persönlich gibt es trotz der vielfältigen Auswahl an wundervollen Speisen leider nur wenig, das ich essen kann. Da meine wichtigste Grundlage gekochtes Gemüse ist, gerate ich bei den vielen Reisspeisen und Süssigkeiten in grosse Not. Für mich gibt es meistens nur am Abend ein akzeptables „Menü", und selbst dies ist nicht garantiert.

In den früheren Jahren habe ich mich während des Navaratri meistens vorwiegend von rohen Gurken und Papayas ernährt. Letztere liebe ich besonders und in Indien sind sie köstlich. Doch diese einseitige und vor allem rohe Kost ist auf die Dauer nicht sehr bekömmlich. So begann ich mir schon Wochen vor dem Navaratri Sorgen zu machen, wie ich diesmal vorgehen wollte. Je näher die Reise kam, umso grösser wurde der innere Stress. Als ich dann sogar Angstzustände und Panikattacken bekam, wusste ich, dass ich nun handeln musste. Aber wie? Ich entschied mich, dem Verantwortlichen für die Unterbringung von uns Ausländern im Ashram mein Problem zu schildern und bat ihn, mich so unterzubringen, dass ich selber kochen konnte. Der Mann war sehr verständnisvoll und sicherte mir sofort zu, dass dies der Fall sei. Ausserdem würde er mir gerne weiter helfen, wenn ich etwas bräuchte. Nun war ich beruhigt und konnte bereits besser mit der Idee leben, mein trautes Heim zu verlassen und mich den Herausforderungen der bevorstehenden Reise zu stellen.

Alles verlief dann auch wundersam problemlos. Überall fand ich helfende Hände, so dass ich guten Mutes im Ashram ankam. Doch o je: bereits bei der ersten selbstgekochten Mahlzeit ekelte mich das Essen dermassen an, dass ich es herunterwürgen musste. Mich sehnte danach, mit den anderen der Gruppe zusammen zu sein und mit ihnen das feine Essen geniessen zu können. Stattdessen sass ich einsam hier, leerte angewidert meine Schale mit Gemüse und fühlte mich dabei abgekoppelt und krank. Das einzige, das ich in diesen Tagen mit Freude zu mir nahm, waren die Papayas und der Kaffee, für den wir täglich extra in die Stadt fuhren. Wie dies bei auswärtigen Aufenthalten bei mir oft der Fall ist, verlor ich bald jegliches Mass bezüglich Essensmenge und schränkte alles ein, das ein bisschen mehr Kalorien hatte. Für einige Tage wäre eine solche Diät ja akzeptabel gewesen, aber dies zog ich zwei Wochen lang durch. Die Quittung liess nicht lange auf sich warten. Auf der Heimreise fühlte ich mich gar nicht gut. Bereits am Flughafen merkte ich, dass in mir alles durcheinander war. Im Flugzeug kam dann der Kollaps: ich schaffte es gerade noch, meinen Gang zum WC zu beenden, ohne ganz ohnmächtig zu werden. Obschon ich nur noch halb bei Sinnen war, gelang es mir irgendwie, zu meinem Sitz zurückzufinden. Dann brach ich zusammen. In der Folge mussten mich meine lieben Kolleginnen und die Crew wieder aufpäppeln. Wahrscheinlich dank eines Drinks aus verschiedenen Ingredienzien kam ich wieder soweit auf die Beine, dass ich zumindest umzusteigen vermochte und die Heimreise gesichert war. Diese verlief im Gesamten erstaunlich flüssig, als hätte jemand alles für mich in die Wege geleitet. Nirgends hatten wir grosse Wartezeiten, in Zürich wurde ich sogar per Auto abgeholt und bis vor meine Haustüre gefahren. Dankbar für diese wundervollen Umstände flüchtete ich mich förmlich in die schützenden vier Wände, im Bewusstsein, dass nun eine Menge an Aufbauarbeit auf mich zukommen würde.

Schliesslich brauchte ich eine ganze Woche, bis ich mich wieder soweit normal fühlte, dass eine innere Verarbeitung des Navaratri möglich wurde. Dieses hatte ja zum Glück nicht nur aus Essproblemen bestanden. Ich durfte dort in den wenigen Tagen wundervolle Erfahrungen machen, die alle noch eingeordnet und verwertet werden wollten. Zentral war für mich die Begegnung mit Swamiji gewesen, bei der ich ganz allein mit ihm zusammen war und meine Fragen stellen konnte. Zum ersten Mal blieb ich dabei innerlich völlig ruhig und hatte den Eindruck, als würde ich durch eine tiefe Verbindung mit meinem geliebten Lehrer förmlich getragen. Ich konnte seine Antworten sehr gut einordnen. Dank dem wurde mir schnell klar: alles ist in Ordnung und ich befinde mich auf dem richtigen Weg. Was dabei sonst noch geschah (auf höheren Ebenen), beginne ich erst jetzt langsam zu fassen.

2.3 – Analyse der Vorworte und des Navaratri 2015

So, nun sitze ich also da und habe mir meine Erfahrungen vom Leibe geschrieben. Doch was haben sie mit diesem Buch zu tun? Wie sollen sie mir helfen, die bestehende Frage zu beantworten, welche Gemeinsamkeiten den drei Buchanfängen zukommen?

Besonders durch die Schilderung des Navaratri wird mir plötzlich klar, was der Kern aller Erlebnisse ist: ich stehe jedes Mal an einem Ort, wo grosse Probleme sichtbar werden, für die ich keine unmittelbare Lösung weiss. Mir ist zwar bewusst, dass ich etwas ändern muss, aber mir fehlen die Mittel dazu. Man kann sagen, dass ich meine zur Verfügung stehenden Möglichkeiten ausgeschöpft habe, womit ich tief im Schlamm stecke. Solange ich nämlich Lösungen finde, ist ein Problem nicht mehr unbedingt ein Problem. Aber wenn ich nur noch Sackgassen sehe, wird es schwierig.

Der Unterschied meiner jetzigen Situation zu den vorne beschriebenen ist folgender: ich erlebe hier einen Zustand *mit voller Bewusstheit* und *realisiere umfassend*, dass ich mit Kräften konfrontiert bin, die ich nicht unter Kontrolle bringe. Jeder Suchtkranke versteht, was ich meine: man ist sich dessen bewusst, wie irrsinnig das eigene Verhalten ist, kann es aber nicht verändern. Wer mich kennt, weiss, dass man mir nicht fehlenden Willen, Unentschlossenheit oder ähnliches nachsagen kann. Mir ist meistens klar, was ich will. Zudem bin ich sehr zielstrebig und ausdauernd, wenn ich mir etwas vorgenommen habe. Aber wie gesagt: hier renne ich gegen Kräfte an, die sich trotz aller Bemühungen jeweils wieder einen Weg durch ein Hintertürchen zurück in mein System bahnen. Ich kann es zwar sehen und wahrnehmen, aber ich stehe dem Phänomen machtlos gegenüber.

Was machen und machten Menschen normalerweise, wenn sie in einer solchen Situation steckten bzw. stecken, wie ich sie beschreibe? Richtig: sie beginnen, nach neuem Wissen zu forschen und/oder sie wenden sich an Mächte, denen sie mehr Kraft zusprechen, als sie selbst aufzubringen vermögen. Der erste Weg gilt als rational und wissenschaftlich. Den zweiten kann man als religiösen oder spirituellen Weg bezeichnen. So unterschiedlich die beiden Varianten sein können, für beide gilt: man richtet den Fokus in eine ganz bestimmte Richtung und sucht nach Lösungen für Probleme.

Weil ich ein Mensch bin, verhalte ich mich nicht anders als meine Artgenossen. Allerdings bezeichne ich meine Suche weder als rein wissenschaftlich, noch als besonders religiös bzw. spirituell. In beiden Bereichen war und bin ich jedoch aktiv. Dabei erwarb ich mir schon einiges an Wissen und Erfahrung. Mit diesem Hintergrund versuche ich nun, die beiden Wege zu verbinden. Meine wissenschaftliche Grundlage hilft mir dabei, spirituelle Erlebnisse einzuordnen und auch so zu beschreiben, dass sie für andere nachvollziehbar werden. Der Umgang mit den ganzen Umständen in dieser Form ist mir deshalb möglich, weil ich meine momentane Situation – wie bereits erwähnt – sehr bewusst erlebe. So kann ich das Phänomen der Kräfte, die mich zeitweise einfach überrollen, in all seinen Einzelheiten studieren. Das macht es zwar nicht einfacher, aber dadurch lerne ich eine Menge über das Menschsein im Einzelnen und über das Leben im Allgemeinen. Da es offensichtlich eine Aufgabe von mir ist, andere zu unterrichten und ihnen Wege für ihre eigenen Probleme zu zeigen, muss ich im Vorfeld eigene Erfahrungen machen und die Materie eingehend beleuchten.

Wie könnte ich das besser als mit meiner Magersucht? Hier eröffnet sich ein ideales Lernfeld, das mir allerdings nicht unbedingt behagt. Aber dies ist eine andere Frage, um die es im Moment nicht geht.

Wie du, lieber Leser, schon weisst, arbeite ich im spirituellen Bereich eng mit Swamiji zusammen. Ihn bitte ich um Hilfe und seine Ratschläge versuche ich auch umzusetzen. Oft verstehe ich zwar nicht, weshalb ich einen bestimmten Schritt machen soll. Aber ich habe gelernt, dass Swamiji jeweils Recht hat und mich zielsicher durch die Fülle meiner Schwierigkeiten lotst. Dies erkenne ich deutlich daran, dass ich trotz allem ein äusserst erfolgreiches Leben führen kann, das mir das Erreichen vieler Ziele ermöglicht. Voraussetzung: ich muss unaufhörlich weitermachen, vermeintliche Rückschläge einstecken, zu verstehen versuchen und nie und nimmer aufgeben. Damit sage ich eigentlich nichts anderes, als dass ich den Fokus halten muss.

Wenn Menschen in einer solch intensiven Form einen spirituellen Weg gehen, kann der Eindruck entstehen, dass sie irrationalen und realitätsfremden Konzepten erliegen und/oder versuchen, mit scheinbar magischen Kräften in Kontakt zu kommen. Ein solches Szenario ist sehr wohl möglich. Allerdings sollte man auch folgendes bedenken: magisch, irrational und realitätsfremd wirken gewisse Sachverhalte oft nur, weil wir etwas nicht verstehen und nicht erklären können. Je mehr wir unser Bewusstsein jedoch erweitern, umso eher können wir die Gesetzmässigkeiten erkennen, welche hier wirken. Der Vorteil davon liegt auf der Hand: statt mit irgendwelchen Zufällen zu arbeiten, kann man seine Kräfte bewusst und zielgerichtet einsetzen. Damit ist es möglich, durch Verhaltensanpassungen das eigene Schicksal aktiv in die Hände zu nehmen. Wir könnten uns folglich zu wissenden und verantwortungsbewussten Geschöpfen entwickeln und so als Menschheit endlich erwachsen werden.

Wie eben angesprochen, ist eine Bewusstseinserweiterung oft notwendig, um gewisse Sachverhalte zu verstehen. Nur so eröffnet sich einem eine neue Sichtweise, welche es schliesslich ermöglicht, erfolgsversprechende Wege für Probleme zu finden, die bisher unlösbar erschienen. Doch wie geschieht eine solche Bewusstseinserweiterung genau?

Wer die ersten beiden Bände dieser Bücherreihe gelesen hat, kann sich vielleicht an die Ausführungen zur Entwicklung des Kindes erinnern. Hier stellte ich ein Beispiel im Zusammenhang mit der Begriffs- und Sprachentwicklung vor:

Eine Mutter geht mit ihrem Kind spazieren und betrachtet mit ihm die Kühe auf einer Weide. Sie weist auf die Vierbeiner und sagt dazu: „das ist ein Muh." Das Kind speichert und wiederholt: „Muh". An einem der folgenden Tage begegnen sie bei einem Spaziergang einigen Schafen auf einer Wiese. Das Kind weist auf die Tiere und sagt: „Muh". Doch die Mutter berichtigt: „Nein, das ist ein Mäh."

Was ist hier passiert? Das Kind lernte auf dem ersten Spaziergang, dass die Lebewesen mit vier Beinen auf einer grünen Weide „Muhs" sind. Auf dem zweiten Spaziergang begegnete es wieder mehreren Lebewesen mit vier Beinen, welche sich auf einer Wiese befanden. Diesen Sachverhalt erkannte es korrekt und benannte die Tiere demnach erneut mit „Muh". Nun musste es aber erfahren, dass sein Wissen von der Welt offensichtlich nicht richtig war. Damit geriet das Kind in eine Verunsicherung. Sogleich erklärte die Mutter den Unterschied zwischen „Muh" und „Mäh". Damit half sie dem Kind, sich ein differenzierteres Wissen aufzubauen, das der Realität gerechter wurde.

Bei diesem Beispiel wird deutlich, dass der Erwerb von neuem Wissen bedeuten kann, dass sich bisheriges Wissen als nicht ganz korrekt herausstellt. Aus unserer Sicht ist dies beim Kind nichts Dramatisches, muss es sich doch noch einiges an Kenntnissen aneignen. Wenn es aber um uns selbst geht, können wir recht schnell in eine Krise geraten, wenn wir erfahren, dass unser Weltbild Mängel aufweist. Wir müssen uns dann eingestehen, dass wir offensichtlich etwas nicht wissen und immer unter falschen Voraussetzungen gelebt haben. Damit werden plötzlich frühere Entscheidungen in Frage gestellt. Je nach dem, wie zentral die neuen Aspekte für unser Weltbild sind, kann ein solcher Prozess sehr tief greifen und uns in grundlegenden Bereichen völlig aus der Bahn werfen. Damit wir dabei nicht total den inneren Halt verlieren, ist eine gute innere Grundlage notwendig. Wir müssen fähig sein, solche Zeiten zu überbrücken, ohne gleich alles in Frage zu stellen. Ist dies nicht der Fall, dürfte es schwierig sein, grössere Bewusstseinsübergänge zu meistern.

Ich gehe davon aus, dass ich heute an einem Punkt stehe, an dem ich einen umfassenden Wechsel von einer Bewusstseinsebene in eine andere vollziehen kann. Ein solcher zeichnete sich schon längere Zeit ab und sollte nun in diesem Leben realisiert werden. Ich meine, dass am diesjährigen Navaratri ein wichtiger Schritt in die erwünschte Richtung erfolgte. Dies erzeugte vor der Indienreise ein starkes Gefühl, dass ich etwas in mir sterben lassen muss, was ziemlich viel Stress mit sich brachte. Sobald ich dann im Ashram war, der Prozess sich langsam entfaltete und ich zu neuen Einsichten kam, konnte ich jedoch vieles einfach mit Humor nehmen und den Dingen recht unbeschwert ihren Lauf lassen. Nur beim Essen ging mir der Humor aus. Das konnte ich nicht so locker nehmen.

Damit man bei einem solchen Prozess dermassen gut über die Runde kommt, ist eine Menge Vorbereitungsarbeit nötig. Diese wird im günstigen Fall von einer weisen Seele wie Swamiji angeleitet, weil man in der Regel den Überblick über die Tragweite seiner Probleme und Entwicklungsschritte nicht hat. Unter den Fittichen eines Meisters lassen sich schwierige Umwälzungen mit einer gewissen Leichtigkeit vollziehen, was sonst kaum möglich wäre. Zudem kann man sicher sein, dass man wirklich dort ankommt, wo man ankommen möchte und sich Wissen aneignet, das wirklich korrekt ist. Dies ist nicht bei allen „Führern" möglich. Ich setze das Wort Führer extra zwischen Gänsefüsschen, weil nicht jede Person, die sich als Lehrperson ausgibt, effektiv eine solche ist. Hier gibt es leider nach wir vor sehr viele fragwürdige Gestalten.

Nun wäre also geklärt, welches Thema Ausgangspunkt dieses Buches ist: *der Übergang in eine neue Bewusstseinsebene, welche ganz neue Möglichkeiten erschliesst.* Doch was hat dies mit dem Fokus und dem Filterprinzip zu tun? In Kapitel 3 sollen in der Folge die Zusammenhänge aufgezeigt werden.

3 – Fokus und Filterprinzip bei der Problemlösung

3.1 – Einführung

Wie schon gesagt, befand ich mich bei allen Einstiegsversuchen in dieses Buch und am diesjährigen Navaratri an einem Ort, wo ich keine Lösungen für meine aktuelle Situation fand. Beim Indienaufenthalt ging es soweit, dass ich körperlich zusammenbrach. Ich stand also vor einem grossen Problem.

3.2 – Ein Lösungsansatz für meine Probleme

Im Grunde genommen lösen wir täglich Unmengen von Problemen. In einigen Situationen lassen wir die Gewohnheit und Routine spielen, aber in vielen anderen müssen wir uns kurz vergegenwärtigen, wie wir mit dem bestehenden Sachverhalt umgehen wollen. In der Regel sind das Prozesse von einigen Sekunden, die wir gar nicht als Problemlöseverfahren erkennen. Die zu bewältigenden Aufgaben wirken mehr oder weniger einfach und lassen sich mittels bestehenden Wissens schnell lösen. Dieses Wissen setzt sich unter anderem aus früheren Erfahrungen zusammen, aber auch aus übernommenen Inhalten (z.B. von den Eltern, aus der Schule und/oder aus Büchern). Wenn wir Pech haben, übernehmen wir dabei unvollständige und/oder gar falsche Kenntnisse. Betrachten wir nur schon die Wissenschaft, welche uns mit ihren neuen Errungenschaften versorgt. Wir glauben sie bereitwillig, werden aber später durch die gleichen Fachpersonen belehrt, dass sie teilweise unwahr sind und wegen neuer Forschungsergebnisse revidiert werden müssen. Trotz solcher Irrtümer schlagen wir uns im Grossen und Ganzen mit unserem aufgebauten Wissen ganz gut durch den Alltag.

Nun gibt es aber Situationen, bei denen dieses Wissen nicht mehr reicht. Wir haben schon alles ausprobiert, konnten aber das Problem nicht lösen. Ich denke, die ganze Welt steht gegenwärtig vor solchen Herausforderungen. Wir sind folglich aufgerufen, hier ganz neue Ansätze zu finden. Aber wie machen wir das, wenn wir keine Ahnung haben, wo wir entsprechende Kompetenzen erwerben können? Genau hier möchte ich nun ansetzen und eine mögliche Erklärung liefern. So kannst du dir – lieber Leser – mittels Lesen neue Denk- und Sichtweisen aneignen (also Wissen aufbauen), die dir vielleicht helfen, deine eigenen unlösbar scheinenden Probleme anzugehen.

Wie ich schon erwähnt habe, werden viele Menschen in Anbetracht unlösbar scheinender Situationen plötzlich (wieder) religiös und/oder spirituell. Sie wenden sich einem Bereich zu, bei dem sie Kräfte erwarten, welche ihre eigenen Möglichkeiten überschreiten. Damit rechnen sie sich eine Chance aus, dass diese Kräfte für ihre Anliegen wirksam werden könnten. Also beginnen die vom Schicksal Gepeinigten zu beten und/oder führen Rituale oder anderes aus. Genau hier befindet sich die Schnittstelle zwischen Kapitel 1 (Funktionsweise von Fokus und Filterprinzip) und Kapitel 2 (Notwendigkeit eines Bewusstseinswechsels): durch die Konzentration auf den religiösen und/oder spirituellen Bereich wird ein entsprechender Fokus gesetzt. Somit werden alle anderen möglichen Lösungsansätze ausgefiltert, die ja eh nicht zu guten Ergebnissen geführt haben. Auch ich funktioniere in etwa gleich wie meine Artgenossen und landete schliesslich – wie dies bereits bekannt ist – bei meinem geliebten Lehrer Swamiji.

Doch auch Swamiji gab und gibt mir keine Rezepte, wie ich mit meiner Situation umgehen soll. Vielmehr führt er mich einen Weg, durch den eine Bewusstseinserweiterung erfolgt. Damit werde ich befähigt, selbst allmählich zu erkennen, was zu tun ist, dass es mir besser geht. Also muss ich mich Schritt für Schritt vorantasten, nie wissend, was das Morgen für mich bereithält. Das ist nicht einfach, denn so fühle ich mich ständig verunsichert, weil ich mein Leben nicht mehr unter totaler Kontrolle habe. Mittlerweile weiss ich nämlich gut genug, dass ich offensichtlich einiges in meinem Denken und Verhalten verändern muss. Das Problem dabei ist nur, dass ich den Inhalt dieser Veränderungen sowie den Weg dazu nicht sehen kann. So überkommen mich oft Ängste, ob ich das überhaupt schaffe. Allerdings beweist mir meine Entwicklung ständig, dass ich im Grunde genommen durch all diese Lernprozesse erfolgreich weiter gekommen bin. In Anbetracht dieser Tatsache stellt sich wieder eine gewisse Zuversicht ein, dass es auch in

Zukunft so bleiben wird, sofern ich weiterhin gewissenhaft an mir arbeite. Doch wie soll diese Arbeit aussehen? Wie hat sie bisher ausgesehen? Mit welchen Kräften arbeite ich genau und was bewirke ich damit? In Kapitel 3.3 erfolgt nun mein Erklärungs-Modell.

3.3 – Der Fokus als Problemlösestrategie

Am besten rollen wir die Thematik von der Kehrseite her auf. Überlegen wir uns also, was geschieht, wenn man bereits erfolglos ein Problem angegangen ist und nun an einem Punkt steht, wo eine absolute Kontrolle über die entsprechende Situation nicht mehr gegeben ist. Letzteres ist jeweils der Fall, wenn einem bewusst wird, dass man Schritte machen muss, die über das bereits bekannte Verhaltensrepertoire hinausgehen. In solchen Momenten entsteht in der Regel Stress. Um diesen zu bewältigen, hat jeder Mensch seine eigenen Strategien. Einige davon möchte ich in der Folge auflisten:

a) Man entzieht sich dem inneren Druck, indem man die belastende Situation weit von sich weg schiebt und alles ausgeprägt locker nimmt. Gegen aussen vermittelt man den Eindruck, als könne man das Leben total leicht nehmen und nichts könne einen aus der Ruhe bringen.

b) Man zieht sich innerlich aus dem Stressbereich zurück, flüchtet sich in seine eigene Welt und lässt keinen Druck an sich herankommen. Entweder ist man nun ein Träumer oder man ist gespalten. Letzteres bedeutet, dass man ein Ich für den Alltag hat, mit dem man sein Leben meistert. Daneben hat man aber ein sehr einsames und eingemauertes inneres Ich, das man durch diesen Schutzwall vom Stress abzuschotten versucht. Man funktioniert dann zwar ganz gut, ist innerlich aber unerfüllt, traurig, einsam.

c) Man entwickelt eine gewisse Starre oder gar Zwänge. Indem man dem Alltag ein immer gleiches Gesicht verleiht und in ganz klar vordefinierten Schienen funktioniert, hat man ein Gefühl einer gewissen Kontrolle über das Leben. Das beruhigt einen zwar, dafür ist man nicht mehr beweglich.

d) Man beginnt, für schwierige Zeiten vorzusorgen. Dabei häuft man Vorräte an, und zwar materielle oder auch nicht materielle. Das „Sammeln" von besonders vielen Bekanntschaften wäre beispielsweise eine immaterielle Form einer Versicherung, dass man rundum immer mit Vertrautem abgestützt ist.

So verschieden die Strategien in diesen Beispielen sind, alle haben sie eine Gemeinsamkeit: die Person, welche sich so vor Stress zu schützen versucht, verwendet dafür sehr viel Energie. Eine Menge von ihrer Aufmerksamkeit wandert in ihre Lebensform. Damit setzt sie einen klaren Fokus. Je intensiver die Bemühungen sind, umso stärker ist der Fokus und umso mehr wird die Person sich davor drücken, einen Schritt in eine ihr unbekannte Zone zu machen.

Und genau hier gilt es anzusetzen, wenn man sich nicht Zeit seines Lebens im Kreis drehen will. Doch was soll man jetzt konkret tun? Und warum?

Als erstes muss man den Fokus neu ausrichten. Das ist nicht einfach, wenn man davon überzeugt ist, schon alles Menschenmögliche unternommen zu haben, jedoch ohne Erfolg. Wohin soll man in diesem Fall die Aufmerksamkeit richten? Man sieht ja keinen gangbaren Weg mehr. Auf die Wissenschaft kann man in solchen Situationen meistens auch nicht zählen, denn diese sucht in der Regel noch selbst nach Lösungen für anstehende Probleme. Damit schränkt sich die Wahl ziemlich ein. Muss man jetzt also beginnen, an Wunder zu glauben?

Nein, so weit muss man nicht gehen. Es reicht, sich bewusst zu machen, dass wir Menschen gewisse Zusammenhänge noch nicht verstehen, die grundlegend dafür wären, neue Lösungsansätze zu finden. Wenn einem aber niemand dieses Wissen vermitteln kann, wie soll man dann weiterfahren?

An diesem Punkt kommt für mich die Spiritualität ins Spiel: ich gehe davon aus, dass das gesuchte Wissen vorhanden, aber wegen unseres eingeschränkten Bewusstseins nicht für uns abrufbar ist. Wenn man mich fragt, wo denn dieses Wissen gespeichert ist, antworte ich folgendermassen:

Die gesamte Materie – also auch unsere Welt mit ihren Lebewesen – ist das Produkt einer schöpferischen Kraft. Diese kann man Gott nennen, aber auch Allah, Buddha, Brahma oder einfach Schöpfungskraft. Diese Kraft ist die Grundlage für alles Seiende und durchdringt u.a. jedes einzelne Atom. Weil sie überall ist, befindet sich auch das entsprechende Wissen überall. Das bedeutet folglich, dass das ganze Wissen rund um die Schöpfung überall in uns und rund um uns existiert, aber wir können es nicht mit unseren alltäglichen Sinnesorganen wie Augen, Ohren und Spürsinn erfassen. Doch weshalb nicht? Weil es von feinstofflicher, also energetischer Natur ist. Wir müssen also erst einmal fähig werden, diese Ebenen wahrzunehmen. Wie man das macht, habe ich in Band 3 dieser Bücherreihe ausführlich beschrieben. Deshalb hier nur kurz der Hinweis: wir müssen die entsprechenden Sinne in uns schulen. Dies können wir tun, indem wir mittels Meditation und anderen Techniken unseren Geist von der grobstofflichen Welt abziehen und in uns hereinrichten. Dort können wir in der Tiefe mit unserer Seelenebene in Kontakt treten. Diese ist nämlich nichts anderes als der feinstoffliche Kern in uns, der unvergänglich und mit der ganzen feinstofflichen Ebene verbunden ist, also auch mit dem schöpferischen Wissen. Wenn wir gelernt haben, diesen Teil wahrzunehmen, sind wir bald auch fähig, uns viele Energien zugänglich zu machen. Dabei stossen wir automatisch auf Wissen, das wir bis zu diesem Zeitpunkt nicht erfassen konnten. Je nach dem, wohin wir den Fokus während dieses ganzen Prozesses gerichtet haben, wird der Inhalt des Wissens entsprechend aussehen. Wir werden also genau auf diejenigen Antworten stossen, die wir mit unseren Fragen ständig und immer wieder anpeilten.

Nun können wir die Frage nach dem Ort, wohin wir den Fokus richten sollen, bereits besser beantworten: *richte ihn nach innen*. Dies kannst du tun, indem du einfach in die Stille gehst. Du kannst dich aber auch an Gott bzw. Allah, Buddha oder Brahma richten, denn dies ist alles in etwa dasselbe, nämlich die schöpferische Kraft, welche hinter dem für uns Wahrnehmbaren existiert. Es besteht zudem die Möglichkeit, diese Suche unter den Fittichen eines spirituellen Führers auszuführen. Der Vorteil dabei ist folgender: du wirst ständig angeleitet, wie du vorgehen solltest, wenn du mit deinen individuellen Möglichkeiten die unbekannten Bereiche erfolgreich erforschen willst.

Weshalb bin ich so überzeugt davon, dass das beschriebene Vorgehen funktioniert? Einerseits habe ich es selbst mehrfach erlebt und bei anderen beobachtet. Andererseits gibt es theoretische Erklärungen dazu, die ich in der Folge ausführen möchte.

3.4 – Einsatz des Fokus bei Bewusstseinsübergängen

Denken wir wieder an die Metapher mit der Fotokamera in Kapitel 1 zurück: wenn ich einen Ausschnitt scharf auf meinem Bild haben möchte, muss ich das angepeilte Sujet in die Mitte des Suchers rücken, scharf einstellen und dann die Kamera ganz ruhig halten, damit beim Abdrücken nichts verwackelt. Schon die kleinste Bewegung kann bewirken, dass das Foto unscharf wird und der Betrachter anschliessend keine Details erkennen kann.

Mit der Innenschau passiert in etwa dasselbe. Hier müssen wir allerdings bereits in einem früheren Stadium mit der Arbeit beginnen. Wir müssen sicherstellen, dass wir überhaupt in der Lage sind, ein „Bild" wahrzunehmen. Auch diesen Prozess habe ich in Band 3 bereits ausführlich beschrieben. Die Sinne sowie das Gehirn erfahren im Säuglingsalter (das Gehör schon während der Schwangerschaft) eine Entwicklung, durch die das Wesen allmählich lernt, im Rahmen eines gewissen Spektrums Laute, Farben, Formen, Berührungen und anderes wahrzunehmen und ihre Bedeutung zu erkennen. Diese Fähigkeiten sind nicht von Geburt an gegeben, sondern müssen geschult werden. Dasselbe gilt für die Wahrnehmung von Energien: diese können wir prinzipiell zwar ins Bewusstsein holen, aber auch hier müssen die entsprechenden Sinne geschult sein. Da dies in unserer Kultur vernachlässigt wird, geschieht es nicht automatisch im Säuglings- und Kindesalter. Es muss folglich später mühsam geübt werden. Dafür müssen wir die Aufmerksamkeit immer wieder nach innen richten und uns soweit konzentrieren, dass ein bewusstes Empfangen von Signalen möglich ist. Wie lange diese Schulung dauert und wie gut jemand bei dieser Sinneswahrnehmung wird, hängt von der Begabung und der Intensität des Übens ab.

Denken wir nun an die Forderung, den Fokus einzustellen, damit man zu neuen Erkenntnissen kommt, geschieht folgendes: indem wir unsere Konzentration immer wieder in eine Richtung lenken, aus der wir uns eine Antwort erhoffen, schärfen wir diejenigen Sinne, die wir benötigen, um die entsprechenden Wissensbereiche wahrnehmen zu lernen. Da wir ja davon ausgehen, dass dieses Wissen grundsätzlich existiert und u.a. in uns selbst zu finden ist, müssen wir es uns durch Üben zugänglich machen. Wenn wir den Geist nicht ruhig zu halten vermögen, ist dies wie bei der Kamera: wir sind nicht in der Lage, den Ort des gespeicherten Inhalts gezielt anzupeilen und werden damit das gewünschte Material nie scharf in unser Bewusstsein bekommen.

Im Grunde genommen können wir uns sehr gut mit dem Kleinkind vergleichen: es hat eine Fülle von Möglichkeiten um sich herum. Es könnte mit vielem spielen, Erfahrungen sammeln, basteln und anders mehr. Aber am Anfang liegt es einfach in seinem Bettchen und ist noch nicht fähig, alles wahrzunehmen. Mit der Zeit erkennt es dann die Gegenstände in der unmittelbaren Nähe seines Kopfes, zuerst schwarzweiss und verschwommen, dann immer klarer. Doch nun kommt die grosse Herausforderung: es möchte diese verlockenden Dinger auch packen und zu sich heranziehen. Dafür müssen die Hände genau dorthin greifen, wo die Augen hinschauen. Diese Koordination spielt aber am Anfang noch nicht. Das Kind rudert mit seinen Ärmchen in der Luft herum, bis es endlich das Gewünschte mit den Fingerchen zumindest streift. Diese müssen nun aber auch zupacken. Also rudert es noch einmal mehrere Runden, bis auch diese Herausforderung gelingt. Anschliessend zieht es das Errungene zu sich heran und nimmt es dorthin, wo es bereits am meisten Tastsinn entwickelt hat: in den Mund. Erst mit der Zeit wird es erkennen, was man mit dem Gegenstand anfangen kann. Wenn man ihn schütteln würde, gäbe es nämlich möglicherweise interessante Geräusche. Oder man könnte mit ihm kuscheln oder auch andere lustige Beschäftigungen finden. So erobert es sich seine Welt sektorenweise: zuerst das Bettchen, dann rund um das Bettchen und schliesslich – wenn es krabbeln kann – das ganze Zimmer (samt Schrankinhalten, was für den Rest der Familie besonders erquickend ist).

Wir befinden uns leider noch sehr im Säuglingsalter. Teilweise begreifen wir noch nicht einmal, dass es rund um uns eine Unmenge von Möglichkeiten gäbe, die alle latent vorhanden wären (machen wir uns hier wieder bewusst: auf der feinstofflichen Ebene finden wir die gesamte Information über die Schöpfung). Da es auf der geistigen Ebene auch keine Zeit und keinen Raum in unserem Sinne gibt (entsprechende Ausführungen sind in Band 3 dieser Bücherreihe zu finden), könnten wir im Grunde genommen alle unsere möglichen Zukunfts-Szenarien für dieses Leben betrachten. Doch wir rudern mit unseren „Ärmchen" (noch nicht ausgebildete Wahrnehmungsorgane für die feinstoffliche Welt) herum, plagen uns mit „unscharfen Bildern" ab und kommen dann zur Erkenntnis, dass es diese feinstofflichen Ebenen gar nicht wirklich gibt bzw. wir stellen sie uns in einer Form vor, die nicht der Realität entspricht. Damit erkennen wir auch die Möglichkeiten nicht, die sie uns eröffnen würde. Wenn wir uns folglich die Mühe nicht nehmen, unsere Wahrnehmung zu schulen, drehen wir uns fröhlich im Kreis herum und jammern, dass es uns schlecht geht.

An dieser Stelle möchte ich noch eine kleine Metapher einfügen, die helfen soll zu verstehen, was wir mit dem Fokus bewirken.

Wir sind uns oft gar nicht bewusst, dass es etwas rund um uns gibt, das unser Leben in dieser Form erst ermöglicht: unsere Atemluft. Sie ist einfach da, aber über ihre Beschaffenheit machen wir uns wenig Gedanken (solange uns die Luftverschmutzung nicht dazu zwingt). Automatisch atmet es in uns ein und aus, so dass der Körper immer mit Sauerstoff versorgt ist.

Luft ist für uns weder speziell spürbar, noch sichtbar. Dies verändert sich erst, wenn man die Luft in Bewegung versetzt (Wind) und damit für uns sichtbare Gegenstände anpeilt. Sie beginnen sich nun ihrerseits zu bewegen. Die Luftbewegung als solche ist für die Augen unsichtbar. Indem sie aber beispielsweise unseren Körper streift und dort auf der Hautoberfläche durch Temperaturveränderung und das Bewegen der Härchen Impulse setzt, wird die Luft für uns wahrnehmbar. Zudem sehen wir, wie Gegenstände rund um uns leicht in Bewegung geraten. Noch grössere Effekte erzielen wir, wenn wir Luft bündeln und gezielt auf Gegenstände anwenden: damit können wir beispielsweise Luftballone, Pneus und anderes aufblasen. Es lassen sich aber auch Sandstrahler herstellen und ähnliche nützliche Geräte. Dieses nicht auf den ersten Blick Wahrnehmbare bekommt nun plötzlich eine Gestalt und kann auf unterschiedlichste Art genutzt werden. Luft hat übrigens auch ein Gewicht: ein Kubikmeter wiegt etwa 1300 Gramm. So lasten rund 17 kg Luft auf einem erwachsenen Menschen. Aber selbst davon merken wir nicht viel, denn dies wird automatisch durch den Innendruck der Zellen und die Muskulatur ausgeglichen.

Eigentlich ist es mit der Energie nicht anders: wir nehmen sie meistens nicht direkt wahr. Erst, wenn sie durch ihre Bewegungen wahrnehmbare Phänomene erzeugt, beachten wir die entsprechenden Aktivitäten. Dennoch gehen wir täglich mit diesem für uns meistens nicht wahrnehmbaren Element um, aber eben automatisch. Durch den Fokus erzeugen wir etwas Ähnliches wie einen Luftstrom, der dann in eine bestimmte Richtung fliesst und dort Bewegung erzeugt. Wenn wir diesen Fokus sehr eng stellen und somit die Energie stark bündeln, bekommt diese mehr Kraft. Folglich kann damit ein grösserer Effekt erzielt werden. Dies würde dem Luftstrom entsprechen, den wir gezielt in eine Richtung lenken: er ist dann möglicherweise so stark, dass wir damit einen Autoreifen aufblasen können. Um einen solchen Fokus zu setzen, müssen wir aber unseren unruhigen Geist zur Ruhe bringen, uns voll und ganz auf einen Punkt konzentrieren und dort auch verharren. Wenn wir den mit einer Pumpe erzeugten Luftdruck nämlich höchstens eine Minute aufrechterhalten könnten, würde dies nicht ausreichen, unserem Auto eine fahrtüchtige Bereifung zu verschaffen.

Fassen wir also das Wesentliche zusammen: wir sind häufig nicht oder nur rudimentär in der Lage, Energie wahrzunehmen, weil wir die entsprechenden Sinne nicht geschult haben. Dennoch ist Energie in jedem Augenblick in uns und rund um uns vorhanden und ermöglicht unser Leben. Dies können wir dadurch erkennen, dass Energie die grobstofflichen Bereiche beeinflusst und folglich dort Veränderungen sichtbar werden. Diese sind für uns dann beobacht- oder gar messbar. Nun müssten wir diese Phänomene nur noch richtig deuten. Das fällt vielen Menschen aber schwer, weil sie das Vorhandensein des Verursachers (die feinstoffliche Ebene) verleugnen. Sind wir uns der Energie aber bewusst, können wir sie gezielt zu lenken beginnen. Dafür brauchen wir eine geschulte Wahrnehmung und die Fähigkeit, Energien zu bündeln und zu steuern. Für all diese Aktivitäten ist ein gerichteter Fokus notwendig. Dieser ist eine grundlegende Kraft, mit der wir unterschiedlichste Effekte erzeugen können.

An dieser Stelle möchte ich betonen, dass der Vergleich zwischen Luft und Energie ein Phänomen zwar schön verbildlichen kann, dass diese beiden Stoffe aber grundlegende Unterschiede aufweisen. Energie ist eine Grundsubstanz der *feinstofflichen wie auch der grobstofflichen* Bereiche. Luft hingegen ist lediglich eine von vielen Erscheinungen im *grobstofflichen* Bereich. In diesem Zusammenhang möchte ich auch auf ein kleine Studie hinweisen: ein Arzt wollte 1907 beweisen, dass die Seelenenergie ein bestimmtes Gewicht hat (er ging von 21 Gramm aus). Zu diesem Zweck hatte der Mann eine Waage an einem Bett montiert, auf dem Sterbende in den Tod begleitet wurden. Seine Hypothese: im Moment des Todes löst sich die Seele vom Körper, was einen entsprechenden Gewichtsverlust bringen würde. Doch nur in einem von mehreren Versuchen fand er das gewünschte Resultat. Selbst Versuche mit Hunden blieben ergebnislos.

Eine Interpretation dieser Forschungsreihe erspare ich dir, lieber Leser. Du kannst dir selbst Gedanken darüber machen. Zudem kannst du dir überlegen, wie schlau es ist, auf solche Beweise zu warten, bevor wir uns mit dem feinstofflichen Bereich befassen. Sofern wir unsere Messinstrumente nicht anpassen, indem wir das Vorhandensein von Energie anerkennen, werden wir wohl noch lange warten müssen. Vielleicht kommst du schneller ans Ziel, wenn du jetzt schon zu üben beginnst, auch wenn wissenschaftliche Belege fehlen.

4 – Die Falle des negativen Denkens

4.1 – Einleitung

Ich war gerade so schön in Fahrt und der Inhalt des Buches ergoss sich auf wundersame Weise in mein Gehirn. Ich musste ihn nur noch aufschreiben. Da erhielt ich eine Anfrage von unserem Datta Yoga Center, ob ich vielleicht bereit wäre, einen Bericht über das vergangene Navaratri zu verfassen. Eigentlich hätte ich dies sehr gerne gemacht. Aber der Moment schien mir unpassend. Ich wollte doch mit meinem Buch weiter kommen. Schliesslich willigte ich dennoch ein, weil ich fand, dass ich auch einmal einen Dienst für unsere Gemeinschaft leisten könnte. Ich würde mir die entsprechende Zeit halt nehmen müssen.

Kaum hatte ich mich in mein Schicksal gefügt, schoss mir der Gedanke durch den Kopf, dass dieser Bericht Teil des jetzigen Buches werden würde. Diese Aussicht motivierte mich gleich gewaltig. Folglich setzte ich mich an den Computer und suchte einen Anfang. Nachdem ich aber einen geschrieben hatte, fand ich ihn schlecht. Was sollte ich eigentlich genau schreiben? Meine ganz persönliche Geschichte schien mir zu sehr mit Problemen gespickt, die ich nicht unbedingt in dieser Form ausbreiten mochte. Also liess ich das Ganze wieder ruhen und wartete auf eine gute Eingebung.

Und siehe da, sie kam: eines Morgens, als ich an den Bericht dachte, war plötzlich folgender Satz in meinem Kopf: „Ach wie gut dass niemand weiss, dass ich Rumpelstilzchen heiss!" Etwas perplex betrachtete ich diese Worte und fragte mich, was ich damit anfangen sollte. Die Ideen kamen aber genau so schnell wie dieser eine Satz. So entwickelte sich in meinem Kopf langsam ein ganzes Konzept, das mir gut gefiel. Folglich begann ich, meinen Bericht zu verfassen. Allerdings war mir noch nicht klar, wie er in mein Buch passen sollte. Aber auch dieser Knoten löste sich schnell: unvermittelt begriff ich, wie alles zusammenzubringen war. Nun hielt mich nichts mehr zurück. Die Tasten meines Computers mussten förmlich tanzen, damit möglichst schnell alles festgehalten werden konnte.

Im Folgenden möchte ich den Bericht einschieben, wie er mit kleinen Abweichungen in unserer Zeitschrift „Datta Mala" erschien. Anschliessend werde ich den Zusammenhang zu den vorangehenden Kapiteln schaffen und dir, lieber Leser, einige wichtige Erkenntnisse vor Augen führen.

4.2 – Erlebnisbericht zum Navaratri 2015

„Ach wie gut, dass niemand weiss, dass ich Rumpelstilzchen heiss!"
Nein, nein, keine Angst. Ich schreibe kein Märchen. Oder etwa doch? Folgt nun eine Geschichte, bei der Königin und König, Prinzessin und Prinz, das Gute und Reine siegen und das Böse unterliegt? Gut möglich, denn es geht um Sri Swamiji, konkret um Navaratri 2015.

Wieder einmal ist es so weit. Wir reisen nach Indien! Wir – das heisst eine ganze Gruppe von 10 Leuten aus Bern und Umgebung – haben uns entschieden, am grossen Fest in Mysore teilzunehmen. Dort wollen wir die Gegenwart unseres geliebten Lehrers Sri Swamiji geniessen und nutzen. Ersteres versteht sich von selbst: in unmittelbarer Nähe dieser grossen Seele verweilen zu dürfen, ist ein besonderes Privileg. Letzteres haben wir alle inzwischen begriffen: Sri Swamiji nimmt seine Aufgabe sehr ernst und ist zutiefst bemüht, uns „Kindern" eine gute Erziehung angedeihen zu lassen. Das bedeutet, dass wir auf unserem Seelenweg weiter geführt werden, damit wir reifer und erwachsener werden. Dafür müssen wir noch einige Irrtümer durchschauen lernen, was nicht immer ganz so einfach verläuft. Mein Kopf weiss dies sehr gut und erklärt sich in seiner Vernunft damit auch einverstanden. Doch o je, irgendwo steckt in mir auch noch ein anderer Teil. Er ist ob solcher Gedanken sehr aufgebracht und findet: „Was: Erziehung? Irrtümer? Was soll das? Ich mache, was ich will und wie ich will, basta!" Diese beiden Teile verstehen sich absolut nicht. Zeitweise mögen sie nicht einmal miteinander sprechen und Kompromisse aushecken.
So verspürte ich bereits Wochen vor dem eigentlichen Navaratri ein tiefes Unwohlsein. Das Verlassen des trauten Heims, das mir Sicherheit bescherte, belastete mich. Das Ungewisse, das auf mich zukam, machte mir Angst. Etwas in mir fühlte sich bedroht. Es war, als

untergrabe eine hinterlistige Kraft in mir das gesunde Vertrauen in mich selbst. So fühlte ich mich unfähig, mit meiner Essstörung und meinen Zwängen im Ashram (s. Glossar im Anhang) *zurechtzukommen. Irgendwie musste ich wohl Wege finden, mir in Mysore eine eigene Struktur zu schaffen, bei der ich innerlich nicht zu sehr unter Druck geriet. Dabei musste ich in Kauf nehmen, einiges an Aktivitäten zu verpassen. Und schon stecken wir mitten im Märchen:*

Die wunderschöne, aber mausarme Müllerstochter ist mit einem reinen Herzen beseelt. Doch irgendwo steckt ein Rumpelstilzchen, das Arges im Sinn hat und es hinterlistig umzusetzen versucht. Wie wir wissen, kommt die junge Frau nicht umhin, zumindest teilweise mit dem üblen Kerlchen zu kooperieren, wenn sie nicht in Gefahr geraten will. Weil sie nicht in der Lage ist, den richtigen Namen des Peinigers zu nennen, kann sie ihn vorerst auch nicht besiegen. Dennoch kämpft sie verzweifelt für ihr Glück.

Also nahm ich mir ein Beispiel an der Müllerstochter und versuchte, mich trotz meiner gesundheitlichen Probleme tapfer über Wasser zu halten. Das war gar nicht so einfach, denn vielfach fühlte es sich an, als ob etwas in mir sterben müsste. Das bereitete mir etliche Angst. Aber eben: es ist anzunehmen, dass auch die junge Frau im Märchen viele schlaflose Nächte durchstehen musste, weil sie nicht wusste, wie ihre Situation zu lösen ist. Zum Glück konnte sie später auf die Hilfe eines Boten zählen, der die ganze Umgebung nach dem möglichen Namen durchforstete.

Auch ich kam nicht umhin, mir Hilfe zu holen, denn meine Ängste wurden immer grösser. Im Grunde genommen freute ich mich auf meine Reise nach Indien. Aber ich wusste bereits aus Erfahrung, dass das Essen für mich ein schwieriges Thema werden würde. Mit meiner Essstörung bin ich sehr eingeschränkt und darauf angewiesen, dass ich zumindest reichlich gekochtes Gemüse zu mir nehmen kann. Das ist im Ashram aber kaum möglich. In meiner Not wendete ich mich deshalb an Pingala, der mir zu meiner Freude einen Gaskocher zusicherte. Damit konnte ich mir zumindest selbst etwas kochen. Ich war sehr froh um diese Lösung. Dennoch fand ich sie nicht besonders toll, denn eigentlich wollte ich meine Zeit vor allem bei den festlichen Aktivitäten verbringen und nicht in der Küche des Cottage. Ich war also sehr traurig über die Umstände. Aber Rumpelstilzchen schien seine Macht gnadenlos auszuspielen.

Bald musste ich mich noch mit einem anderen Problem auseinandersetzen. Shabari (auch eine Schülerin von Swamiji) versuchte schon während längerer Zeit, uns Berner dazu zu bewegen, mehr an den Aktivitäten des Datta Yoga Centers (Name des Vereins von uns Swamiji-Schülern) in Zürich teilzunehmen. Sie nahm den Wunsch unseres Meisters sehr ernst, möglichst viele Teilnehmer für verschiedene Anlässe zu rekrutieren. Doch wir Berner waren entweder zu beschäftigt oder hatten andere Gründe, die Reise zu unseren Datta-„Geschwistern" nicht anzutreten. Nach längerem Hin und Her begannen Shabari und ich, Formen einer vermehrten Zusammenarbeit zu finden, welche für beide Seiten stimmig waren. Unter anderem bezog mich Shabari nun vermehrt in ihre Pläne ein. Und einer der wichtigsten Pläne von Shabari war der tiefe Wunsch, Sri Swamiji im Jahre 2016 in der Schweiz empfangen zu dürfen. So entschieden wir uns, an Navaratri alle gemeinsam vor unseren Meister zu treten und ihm unseren Herzenswunsch mitzuteilen. Dabei wollten wir ein Geschenk mitbringen, das die Innigkeit und Ernsthaftigkeit unseres Wunsches ausdrücken sollte. Doch was konnte dies sein? Recht spontan kam mir etwas in den Sinn. Aber ich verwarf es sogleich wieder: „viel zu simpel", fand ich. Doch der Gedanke liess mich nicht mehr los. Schliesslich nahm ich meinen Mut zusammen und schlug Shabari folgendes vor: eine gesegnete Kerze von Flüeli Ranft (Pilgerort in der Innerschweiz, wohin wir Swamiji einladen wollten) mit dem Hinweis, dass viele Kerzen in der Schweiz darauf warten würden, von Sri Swamiji angezündet zu werden. Zu meinem grossen Erstaunen wurde meine Idee aufgenommen und weiter entwickelt. Schliesslich reiste eine wunderschöne Laterne mit einer kunstvollen Kerze darin im Handgepäck von Zürich nach Mysore. Ich war sehr glücklich und fühlte mich innerlich gestärkt.

Durch meine Essstörung ist nämlich mein Selbstbewusstsein erheblich gestört. Obschon ich mir vieler meiner Qualitäten bewusst bin, fühle ich mich in Anbetracht meiner Unfähigkeit, meine Schwierigkeit zu überwinden, oft minderwertig. Dies hindert mich daran, mit Ideen nach aussen zu treten. In meinem Schneckenhaus fühle ich mich sicherer. Da muss ich nicht Angst haben, mich lächerlich zu machen. Als ich nun in Mysore das wunderschöne Geschenk sah, empfand ich tiefe Freude. Vielleicht war ich ja brauchbarer, als ein Teil von mir meinte.

Unser gemeinsamer Plan fiel auf fruchtbaren Boden. Noch vor dem Navaratri bekamen wir von unserem Meister einen Termin, zu dem wir mit klopfenden Herzen erschienen. Während Shabari unsere Einladung in Worte fasste, sprachen bei uns anderen die Augen und Herzen wohl ganze Bände. Sri Swamiji nahm sich viel Zeit für uns und willigte schliesslich ein, einen Schweiz-Besuch in seine Agenda aufzunehmen. Die mitgebrachte Laterne stand in der Folge täglich mit brennender Kerze auf der Bühne in der Nada Mantapa (s. Glossar im Anhang). Während dieses Treffens machte uns unser Lehrer noch klar, dass jeder nach seinen eigenen Kräften und Möglichkeiten an all den Aktivitäten rund um das Fest teilnehmen sollte. Dieser Hinweis war für meinen weiteren Aufenthalt im Ashram sehr wichtig, denn Rumpelstilzchen schlug erbarmungslos zu. Alle verliessen wir schliesslich unseren Seelenführer mit dem Gefühl, einen grossen Segen empfangen zu haben.

Die folgenden Tage wurden geprägt durch die wundervollen Rituale von Sri Swamiji, die in ihrer Art einmalig sind. Wir durften einfach dabei sein und die Präsenz unseres Meisters geniessen. Dabei trugen uns seine Energien in viele Bereiche unseres eigenen Seins und brachten so etliche Prozesse in Bewegung. Diese beschäftigen mich jeweils noch während vieler Wochen nach dem Navaratri und führen mich zu neuen Erkenntnissen. Ebenso erschliessen sie mir in der Regel ganz neue Möglichkeiten in meiner Tätigkeit als Therapeutin. Doch vorher musste ich mich jeden Tag erneut mit meinem labilen inneren Gleichgewicht auseinandersetzen. Regelmässig war ich gezwungen, mir eine kleine Auszeit zu gönnen, weil mir schnell alles zu viel wurde. Dies machte mich jeweils sehr traurig, denn ich wollte doch einfach diese grossartigen Stunden in der Nähe meines Seelenführers verbringen. Aber eben: ein Teil in mir streikte. Zudem hatte ich trotz des selbst gekochten Essens grosse Mühe, hier einen befriedigenden Weg mit meiner Ernährung zu finden. Ich litt erbärmlich und haderte mit dem

Schicksal, weil ich mich von vielem ausgeschlossen fühlte. Rumpelstilz-chen frohlockte.

Doch wieder einmal erfuhr ich, dass mich mein gütiger Lehrer nicht im Stich lässt. Obschon er täglich ein Riesenprogramm bewäl-tigte und sich um das Seelenheil von tausenden und abertausenden von Menschen kümmerte, war er gleichzeitig ganz nah bei mir und lotste mich durch meinen Wellengang der Gefühle. Wie er dies macht, werde ich wohl erst in sehr ferner Zukunft begreifen. Ich hatte in diesen Mo-menten auch nicht den Anspruch, dies zu verstehen. Ich nahm es ein-fach in tiefer Dankbarkeit an. So spürte ich jeweils sehr klar, wenn mir Sri Swamiji auf innerer Ebene signalisierte, dass ich Pause machen musste. Ich wusste dann genau, ob ich ins Cottage, in den Shuka Vana *(s. Glossar im Anhang) oder in den* Bonsaigarten *(s. Glossar im An-hang) gehen sollte. Also folgte ich diesen Impulsen und erkannte bald: die heiligen Schwingungen der kraftvollen Rituale waren überall spür-bar, wenn ich innerlich wachsam blieb. Während ich also mit innerer Konzentration meine Auszeit wahrnahm, blieb ich dennoch im segens-reichen Energiefeld von Sri Swamiji. Zudem kam mir vor, als spreche mein Lehrer dabei ständig zu mir, oft durch andere Menschen, durch die Zwergbäumchen, durch die Vögel und/oder einfach durch Situati-onen. Auf diese Art liess er mir einiges an Wissen zukommen, so dass ich vieles in meinem Leben besser zu verstehen begann. Wo auch im-mer ich mich aufhielt: mein Meister war bei mir und schulte mich un-ermüdlich. Welch grossartiges Geschenk! Am Ende war mir klar: es ist nicht sinnvoll, mich in meinem Schneckenhaus einzuigeln. Ich muss mich langsam öffnen und meine Qualitäten dort einbringen, wo ich Sinnvolles damit bewirken kann. Auch wenn ich meine Essstörung und die Zwänge noch nicht überwunden habe, vermag ich etwas zu leisten, das der Gemeinschaft dienlich ist. Und wenn ich es mir genau über-lege, läuft es im Märchen nicht anders ab: bevor die Müllerstochter nämlich Rumpelstilzchen besiegen kann, wird sie Königin. Erst dann gelingt es ihr, dank eines Boten den Namen des Peinigers herauszufin-den, worauf sich dieser gleich selbst zerstört. Sri Swamiji unterstützt mich ständig in meinem inneren Wachstum, ohne dies je von einer Ver-besserung meines Umgangs mit Essen abhängig zu machen. Ich darf mit seiner Hilfe mein Königreich errichten, in dem ich trotz meiner Einschränkungen nach und nach meine Vorstellungen und Visionen realisieren kann. Wenn das nicht ein Märchen ist, in dem das Gute siegt, während das Böse mehr und mehr an Bedeutung verliert! Navaratri 2015 war für mich der Ausgangspunkt dafür, dass ich an mein eigenes Märchen zu glauben begann und begriff, dass ich meine innere Königin nun definitiv zum Leben erwecken sollte. Danke, lieber Sri Swamiji! Navaratri 2015 war ein immenses Geschenk für mich!*

4.3 – In der Spirale des negativen Denkens

Als ich mir am Anfang überlegt hatte, wie ich diesen Bericht verfassen sollte, war mir keine gute Form in den Sinn gekommen, weil sich überwiegend meine Probleme vor, während und nach dem Fest in mein Blickfeld geschoben hatten. Mir wurde plötzlich bewusst, wie wenig ich über die schönen und teilweise wundervollen Erlebnisse nachgedacht hatte. Davon gab es aber jede Menge. Klar, der Abschluss mit der Heimreise und die erste Zeit zu Hause waren nicht gerade einfach gewesen. Meine Probleme hatten mich in einem Mass eingeholt, das mich betroffen machte. Noch nie war ich einfach so zusammengebrochen. Das Ganze verursachte mir Angst. War ich wirklich in einer so schlimmen Verfassung? Gab es überhaupt eine Chance, hier je einen vernünftigen Weg zu finden? Meine Gedanken kreisten intensiv um meinen Gesundheitszustand, den ich als äusserst bedenklich wahrnahm. Ich befand mich förmlich in einer Spirale negativer Sichtweisen.

An dieser Stelle möchte ich nun einen Schritt zurücktreten und meine damalige Situation analysieren:
- Was machte ich da eigentlich genau? Richtig: ich setzte einen starken Fokus, der einseitig auf die negativen Aspekte ausgerichtet war.
- Und was erzeugt ein starker und zielsicher gerichteter Fokus? Wieder richtig: Ich lief damit Gefahr, entsprechende Erfahrungen in mein Leben zu holen.

Es gibt wohl nichts, was einen solchen Teufelskreis wirksamer entstehen lässt, als das Gefühl der Angst. Sobald ich befürchte, dass mein

Leben sich in eine unerwünschte Richtung entwickelt, taucht sie recht schnell auf. Wenn sie dann noch durch jahrelange, schwierige Erfahrungen genährt wird, ist die Katastrophe perfekt. Ich verliere das Vertrauen, dass es doch noch gut kommen könnte. Also kreise ich nur noch in meiner Verzweiflung herum. Somit investiere ich meine ganze Energie in dieses Gefühl und sorge mit meinem Verhalten sehr wirksam dafür, dass ich effektiv kleben bleibe.

Ich sah ein, dass ich meine Sichtweise ganz schnell ändern musste. Doch wie sollte ich dies genau angehen? Ich fühlte mich körperlich und mental so erschöpft, dass mir jede noch so kleine Aufgabe zu gross erschien. Gleichzeitig erkannte ich jedoch, dass ich nun aufgefordert war, das Setzen eines günstigen Fokus an mir selbst zu erproben und zu studieren. Doch irgendwie wusste ich nicht so recht, wie ich konkret vorgehen sollte. Was theoretisch so banal tönt, fand ich plötzlich gar nicht mehr so einfach. Nach und nach drängten sich nämlich verschiedene Fragen auf:

- Was genau soll ich denken?
- Gibt es Stolpersteine, die es zu beachten gibt?
- Wenn ja, wie sehen sie aus und wie kann ich sie vermeiden?

Doch wo ein Wille ist, ist auch ein Weg! Und so war es tatsächlich: wie sich in Kapitel 5 zeigen wird, griff mir das Schicksal unter die Arme.

5 – Fehler beim Aufbau eines günstigen Fokus

5.1 – Einführung

Bin ich nicht ein wahrer Glückspilz? Wer hat schon die Gelegenheit, jeden Tag viele Stunden lang zu studieren, was verschiedene Verhaltensweisen eines Menschen in seinem Leben bewirken? Doch damit nicht genug. Kaum stand ich vor dem Rätsel, wie ich nun meinen Fokus wirksam verändern könnte, schien das Leben zu mir zu sprechen. Wie von Geisterhand inszeniert, kamen gehäuft Patienten in meine Praxis, welche in diesem Bereich ein Problem hatten. Zudem zog mich plötzlich die Lektüre eines Buches in den Bann, das ich schon seit Wochen hatte lesen wollen („Im Einklang mit der göttlichen Matrix" von G. Braden, s. Literaturverzeichnis im Anhang). Langsam begann ich zu verstehen, welche Mechanismen durch unsere innere Haltung in Gang gesetzt werden und wie ich sie für mich nutzen konnte. Im Folgenden werde ich nun meine Erkenntnisse erläutern. Dabei beginne ich mit der Darstellung von Praktiken, die *nicht* zum Erfolg führen. Ab Kapitel 6 werde ich dann detailliert erarbeiten, welches Verhalten zu einem Gelingen beiträgt.

5.2 – Praktiken, die zu Misserfolg führen

5.2.1 – Die Falle unseres Denkens

Prinzip Nummer 1 leuchtete mir täglich in Form einer Überschrift entgegen. Wie dies bereits Tradition ist, schreibe ich nämlich jedes Jahr eine Weihnachtsgeschichte, die ich dann mit Freude verschenke. Da bereits die Adventszeit angebrochen war, lag sie für meine Patienten auf, so dass sie sich bedienen konnten. Geschrieben hatte ich sie aber schon Monate zuvor, als ich noch gar nicht wissen konnte, welche Themen mich im Dezember beschäftigen werden. Ihr Titel lautet: *Es braucht nur ein Ja*. Da dieser Ratschlag wohl zu simpel tönt, beachten wir ihn leider viel zu wenig. Manchmal braucht es wirklich nicht mehr als einfach eine Entscheidung, ein bewusstes JA für eine Situation. Auch wenn wir noch nicht wissen, wie wir das Ganze schlussendlich realisieren können, liegt hier oft schon der Schlüssel für einen Erfolg. Kommt dieses Ja aus tiefem Herzen, bauen wir damit bereits eine Kraft auf. Je nachdem, wie wir dann weiter vorgehen, kann diese Kraft mehr oder weniger stark intensiviert und folglich genutzt werden. Leider blockieren wir uns häufig durch unser Denken: weil wir den Weg nicht sehen, erachten wir eine Veränderung als hoffnungslos. Wir kapitulieren, bevor wir uns eine Chance gegeben haben. Probiere es aus, lieber Leser, ein mutiges Ja verändert etwas in dir. Auch wenn es nur ganz fein ist, die Energie nachher ist anders als diejenige vorher. Sei zuversichtlich: der entsprechende Weg wird sich dir öffnen, Stück für Stück.

Doch noch einmal zurück zur Weihnachtsgeschichte. Wie bereits gesagt, fasziniert mich die Tatsache zutiefst, dass ich mir mein Rezept tatsächlich bereits Monate zuvor aufgeschrieben hatte. War ein Teil in mir schon so weit, dass meine spätere Situation einzuschätzen war? Wenn ja: wie ist das möglich? Solange wir solch tiefe Zusammenhänge nicht verstehen, erscheinen Begebenheiten wie diese als ein Wunder. Da ich aber immer wieder ähnliche Situationen erlebe, weiss ich inzwischen, dass hier wohl eher Gesetze wirksam sind. Fraglich ist nur, wie sie genau funktionieren.

Wie dem auch sei: wichtig ist im Moment einfach die Tatsache, dass das Leben solchen Mechanismen folgt und wir aufgefordert sind, sie sehr sorgfältig zu studieren. Wer Lust hat, kann sich die entsprechende Weihnachtsgeschichte im Anhang zu Gemüte führen.

5.2.2 – Abspaltung von Problemen

Gehen wir nun einen Schritt weiter und betrachten wir, wie wir den bereits gesetzten Fokus wirksam aktivieren. Auch hier liess mich das Leben nicht im Stich. Das oben erwähnte Buch sowie die Erfahrungen mit einer lieben, langjährigen Patientin machten ein weiteres Prinzip klar.

Besagte Frau kam schon eine Weile zu mir in die Therapie. Psychische Probleme in ihrer Herkunftsfamilie hatten sie schon vor längerer Zeit davon überzeugt, dass sie bei sich selbst die negativen Trends bekämpfen musste. Auch sie spürte nämlich das Erbe einer Depression und einer Angsterkrankung. Sie kam zum Schluss, dass sie mit positivem Denken der problematischen Spirale sicherlich entgehen konnte. In der Folge übte sie mit Inbrunst, das Leben nur noch in einem positiven Licht zu sehen. Was sich jahrelang bewährte, schien nun plötzlich nicht mehr zu wirken. Die Frau fühlte sich von Tag zu Tag unwohler: ihr Selbstwertgefühl war verschwindend klein. Zudem fragte sie sich ständig, wie sie noch Sinn in ihr Leben bringen konnte. Seit ihre Kinder am Ausfliegen waren, fühlte sie sich nämlich nutzlos. Sie wollte endlich neue Herausforderungen annehmen. Dabei merkte sie jedoch, dass jeder Schritt in die Welt hinaus grosse Ängste in ihr auslöste. Sie traute sich absolut nichts zu. Immer mehr erkannte sie, dass sie offensichtlich festsass. Folglich versuchte sie, noch positiver zu denken. Sie war fest davon überzeugt, dass sich dadurch ihre Probleme lösen sollten. Aber sie taten es nicht. Die Frau war verzweifelt.

Um aufzuzeigen, was falsch lief und wie wir einen wirksamen positiven Fokus setzen können, muss ich nun ein bisschen ausholen.

Immer wieder werde ich gefragt, wie ich bei der Therapie vorgehe, was ich wahrnehme, was ich genau mache und ähnliches. Meine Antwort ist stets die gleiche: „Ich schwatze mit dem Energiesystem". Doch was heisst dies konkret?

Wenn ich mich in einer fragenden Haltung auf die Energien einer Person konzentriere, fordere ich diese damit auf, mir Auskunft über ihren Zustand zu geben. Unmittelbar erhalte ich Eindrücke in Form von Bildern, Gefühlen, Farben oder einfach Wissen, das in meinen Kopf kommt. Diese Eindrücke sind nicht ein Nacheinander einzelner Komponenten, wie dies beispielsweise bei der Sprache der Fall ist. Dort werden nämlich Wort für Wort Sätze aufgebaut, die wir dann stückweise erhalten und entsprechend verarbeiten. Informationen aus dem Energiesystem empfange ich jedoch in einer ganzheitlichen Form wie z.B. als klares Bild oder als Gefühl. All diese Ausdrucksformen haben eine Bedeutung, die ich in der Folge erkennen und entschlüsseln muss. Diese Bedeutung kommt oft einfach in meinen Kopf geflossen oder ich erfasse sie infolge meiner Erfahrung. Dabei muss ich erschliessen, welche Aussagen die verschiedenen Bestandteile der Wahrnehmung beinhalten. Ich muss also eine ähnliche Leistung erbringen wie jemand, der sich in einer Fremdsprache verständigen will. Durch Übung gelingt es immer besser, das Gegenüber zu verstehen. In meinem Fall ist dieses Gegenüber das Energiesystem mit seiner speziellen Sprache.

Auf die gleiche Weise funktioniert es, wenn ich dem Energiesystem eine Antwort gebe. Dies geschieht in Form eines inneren ganzheitlichen Ausdrucks. Ich sende dann einfach einen ganzen Gedanken wie ein Bild. Dies ist vergleichbar mit einer Vorstellung, die ja auch nicht aus einzelnen aneinandergereihten Wörtern besteht, sondern aus einem bildhaften Konstrukt.

In den letzten Jahren konnte ich dieses Kommunikationssystem stark ausbauen und verfeinern. Meine Impulse an das Energiesystem des Patienten sind dadurch viel kräftiger und zielgerichteter geworden, was die Therapie wirksamer und kürzer macht. Wie gelang mir aber dieser Fortschritt?

Wenn ich mit der feinstofflichen Ebene arbeiten will, muss ich in erster Linie einen Zugang zu ihr haben. Leider ist er bei den meisten Menschen sehr spärlich vorhanden, weil ihre Aufmerksamkeit mehrheitlich auf die grobstoffliche Welt gerichtet ist. Sobald sie aber erkennen, dass ihr effektives Sein feinstofflicher Natur ist, sind sie in der Regel bereit, diese Welt auch zu erforschen. Wie man dies kann, habe ich in den Kapiteln 3.3 und 3.4 bereits beschrieben. Zentral ist der Aspekt, Zugang zu den tiefen inneren Bereichen in sich selbst zu finden. Dieser ist aber durch Traumen, Missverständnisse und Ängste meistens ziemlich blockiert. Also muss man sich erst durch diese Hindernisse hindurchbeissen, um endlich ein Zipfelchen von seiner Seelenebene zu erhaschen. Das bedeutet eine Menge Arbeit an sich selbst. Wer sich also auf die Reise in die Welt der Energien macht, muss sich den Zugang geduldig und zielstrebig erarbeiten. Doch was hat dies alles mit dem Fokus zu tun?

Ob wir es wollen oder nicht: wir sind ständige Sender. Unsere Gedanken und Gefühle sind nichts anderes als Energien. Diese strahlen wir entsprechend aus. Wie ich es bereits beschrieben habe, können wir uns folgendes vorstellen: wenn wir Energien nach aussen senden, ist dies mit einem Luftstrom vergleichbar. Je nach dem, wohin er strömt, erzeugt er am entsprechenden Ort Bewegung. Dabei haben wir die Möglichkeit, diesen „Luftstrom" zu lenken, ihn mehr oder weniger konzentriert und mit mehr oder weniger Wucht fliessen zu lassen. Entsprechend werden wir verschiedene Effekte erzeugen.

Nun müssen wir uns weiter vorstellen, dass wir jeden Augenblick die Wahl zwischen sehr vielen Möglichkeiten haben, welchen Schritt wir als nächstes tun möchten. Alle diese Möglichkeiten sind potentiell schon vorhanden, aber nicht belebt. Sie existieren sozusagen als Energiemuster im Raum. Sobald wir unseren Fokus auf eines dieser Muster lenken, werden wir es mittels der gesendeten Energie in Bewegung versetzen und somit aktivieren. In der Folge tritt es in unser Leben ein, während all die anderen Möglichkeiten weiterhin lediglich als Muster im Raum bestehen bleiben.

Welche Potentialität wir in unser Leben rufen, hängt also wesentlich von unserem Sender ab. Dabei habe ich oben bereits beschrieben, dass die Sprache der Energie eine ganzheitliche ist, also eher eine bild- und gefühlshafte. Unser Denken ist aber linear: ein Gedanke muss dem anderen folgen, sonst kann unser Gehirn die Inhalte nicht verarbeiten. Wenn ich nun positiv denke und täglich meine positiven Sätze rezitiere, sende ich zwar auch Energie nach aussen, aber eher schwache. Habe ich nun schwierige Gefühle abgespalten, heisst dies nicht, dass sie nicht mehr existieren. Sie sind weiterhin anwesend und werden durch das Leben auch immer wieder unterschiedlich stark aktiviert. Wir können sie zwar mit unserem „Mantra" übertünchen, aber dennoch senden sie immer wieder, und dies mit sehr viel Intensität. Da sie nicht linear sind, sondern in ihrer Fülle als ganzheitliches Muster nach aussen projiziert werden, haben sie viel Kraft. Wenn wir uns gut beobachten, spüren wir den Unterschied sehr leicht: ein Gedanke hat einen gewissen Einfluss auf unser Wohlbefinden. Ein Gefühl hat aber einen weitaus grösseren Einfluss. Entsprechend senden wir mit der Gedankenkraft viel weniger Energie nach aussen als dies die Gefühle vermögen. Die verdrängten Ängste, Verletzungen und anderes mehr dürften also vermutlich unsere positiven Gedanken wirksam sabotieren. Damit wird einsichtig, dass positives Denken nur funktionieren kann, wenn es mit den Gefühlen in Einklang gebracht wird. Folglich kommen wir nicht darum herum, diese zu bereinigen, wenn wir unserem Leben effektiv eine Wende geben wollen.

Diese Ausführungen sollten bereits recht gut aufgezeigt haben, was meine Patientin mit sich selbst anstellte: solange sie in ihrem vertrauten und geschützten Rahmen zu Hause arbeitete, konnte sie ihre licht- und glücksvolle Welt aufrecht erhalten. Doch sobald sie einen Schritt nach aussen treten bzw. sich einer neuen Herausforderung stellen wollte, wurden ihre Ängste aktiv. Diese machten sich mit grosser Intensität bemerkbar. Entsprechend wuchtig war ihre Sendekraft: „Nein, nein, nein, die Welt ist viel zu gefährlich, sie verschlingt mich, sie überfordert mich, ich bin ihr nicht gewachsen!" Gegen eine solche geballte Ladung an Energie kamen die lichtvollen inneren Rezitationen nicht mehr an. Alles rund um die Frau baute sich in einer bedrohlichen Form vor ihr auf. Die Möglichkeiten, welche sie in der Aussenwelt wahrnahm, waren in ihrer Vorstellung gespickt mit beängstigenden Erfahrungen. Also bestätigte sie sich bei jedem Versuch erneut, dass die Welt eben wirklich viel zu gefährlich und sie selbst viel zu gering war, womit ein Schritt nach aussen niemals erfolgreich würde enden können. Nur sehr langsam erkannte sie, dass ihre Strategie des positiven Denkens so nicht funktionierte. Lange Zeit vermochte sie einfach nicht zu akzeptieren, dass trotz ihrer inbrünstigen inneren Arbeit ihre Welt nicht zwingend heller wurde. Wir mussten viele Stunden zusammen arbeiten, bevor sie bereit war, sich ihren Ängsten und der Welt zu stellen. Langsam beginnt sie aber zu verstehen, und sie bestand auch schon einige herausfordernde Situationen in der für sie beängstigenden Welt. Jedes Erfolgserlebnis hilft weiter. Aber es ist und bleibt ein Weg der kleinen Schritte. Somit ist viel Geduld gefragt. Zudem schleichen sich immer wieder Zweifel ein, ob sie es je schaffen würde, in diesem Leben noch eine Erfüllung zu finden. Aber sie kämpft trotz aller Widrigkeiten tapfer weiter, und dies ist wohl das Allerwichtigste.

Aus den eben beschriebenen Vorgängen lässt sich nun *Leitsatz Nummer 2* formulieren: „Versuch nicht, deine Ängste, Verletzungen und andere schwierige Gefühle zu verdrängen."

5.2.3 – Verlust des Realitätssinnes

Für meine weiteren Studien kam mir wiederum das Leben zu Hilfe und schickte mir zwei Personen, die sich mit ihren Strategien in schwierige Situationen manövriert hatten. Eine der beiden ist ein lieber Freund von mir, ebenfalls ein Schüler von Swamiji. Nennen wir ihn Paul.

Als Paul vor einigen Tagen in meiner Praxis war, brach er unter der Last seines Lebens förmlich zusammen. Er sah keinen gangbaren Weg mehr für sich bzw. die Wege, die ihm offen lagen, schienen ihm unerträglich. Seine Freundin, die ebenfalls zugegen war, sass betroffen auf ihrem Stuhl. Was war geschehen, dass wir in einer solchen Situation steckten?

Es war nicht das erste Mal, dass der Mann mit seinem Schicksal haderte. Er war von Beruf Zauberer und sorgte mit seinem Gehalt unter anderem für den Unterhalt seiner Familie. Diese bestand aus einer von ihm getrennt lebenden Frau und zwei kleinen Kindern. Letztere lebten wechselweise bei ihrer Mutter und bei ihrem Vater, was bestens funktionierte. Mit seinen Auftritten war Paul sehr erfolgreich, womit das Geld für alle Bedürfnisse reichte. Doch dies nützte ihm nicht viel. Trotz guten Verdienstes litt der Mann nämlich unter Existenzängsten. Zudem plagten ihn seit geraumer Zeit Ängste vor Autobahnen, womit die Reisen zu seinen Auftritten mehr und mehr zur Belastung wurden. So war es kein Wunder, dass ihm der Beruf immer weniger Spass machte. Dazu kam der Umstand, dass Paul vor einiger Zeit sein grosses Interesse an der Börse entdeckt hatte und dort auch eine gewisse Begabung ortete. Ihn sehnte danach, mit dieser neuen Arbeit sein Leben verdienen zu können. Sein bisheriger Lebenswandel belastete ihn immer mehr und regelmässig kam er an den Punkt, wo ihn die Verzweiflung packte. Er konnte sich beim besten Willen nicht vorstellen, sein Dasein noch mehrere Jahre in dieser Form zu fristen. Bis jetzt war es uns immer wieder gelungen, dass er in seinen dunklen Momenten mit seiner Situation Frieden schliessen konnte. Doch diesmal war alles anders.

Zu dieser neuen Situation trug wesentlich seine Freundin bei. Nennen wir sie Judith. Paul hatte die wunderbare Frau vor mehreren Monaten getroffen und bald erkannt: wenn es ein weibliches Wesen gab, mit dem er sich ein Zusammenleben vorstellen konnte, dann war sie es.

Dabei muss erwähnt werden, dass er schon mehrere Beziehungen aufgeben musste, weil es einfach nicht funktionierte. Da er mit seinem Single-Leben nicht sehr glücklich war, kam ihm Judith wie ein Geschenk des Himmels vor. Er machte alles, um sie nicht zu verlieren. Allerdings war die Situation nicht einfach: Judith lebte in Deutschland, wo sie auch studierte. So war dem Paar nur eine Fernbeziehung vergönnt. Die gegenseitigen Besuche waren zeitlich wie auch finanziell aufwändig und zehrten an den Kräften beider.

Auch Judith kämpfte mit ihren Problemen. Wie Paul litt sie unter Ängsten, die sie aber ebenfalls recht gut im Griff hatte.

Trotz aller Widrigkeiten erlebten die beiden wunderschöne Zeiten des Zusammenseins und überlegten sich, wie eine gemeinsame Zukunft möglich wäre. Judith beschloss bald einmal, dass sie in die Schweiz kommen und sich hier eine Existenz aufbauen wollte. Ihre Vorstellungen, wie sie dies tun würde, entsprangen allerdings mehrheitlich einer Traumwelt und waren teilweise nicht sehr realistisch. Das grösste Problem des Paares war, dass die junge Frau hier kein Einkommen hatte, solange sie keine abgeschlossene sowie in der Schweiz anerkannte Ausbildung vorweisen konnte. Einfach nur zu jobben, konnte sich Judith nicht wirklich vorstellen, diese Idee machte ihr Angst. So einigten sich die beiden auf eine Variante, in der Judith ihre Studien von der Schweiz aus abschliessen und später versuchen sollte, mit ihrem Wissen eine berufliche Zukunft aufzubauen.

Endlich war es soweit: Judith richtete sich bei Paul häuslich ein und die beiden genossen ihr Zusammensein. Obschon sie endlich ihr ersehntes Ziel erreicht hatten und darüber sehr glücklich waren, ging es beiden zusehends schlechter. Judith hatte das Gefühl, sie wisse überhaupt nicht mehr, wer sie sei und was sie wolle. Sie spürte sich selbst kaum mehr. Paul hingegen litt immer mehr unter Existenzängsten, weil er nun für den Unterhalt einer weiteren Person verantwortlich war. Dies bewirkte, dass er sich gezwungen fühlte, mehr zu arbeiten. Dadurch wurde der Konflikt mit seiner beruflichen Situation immer grösser. Unter dieser Last brach er jetzt förmlich zusammen. Das Leben erschien ihm nur noch dunkel und schrecklich. Ein weiteres Vegetieren in diesem Zustand bedeutete für ihn die Hölle. Judith ihrerseits hatte alles unternommen, um ihren Freund zu stützen. Ihr gesamter Lebensinhalt drehte sich nur noch um dieses eine Thema. Ihre eigenen Bedürfnisse und Ziele blieben dabei auf der Strecke. Sie verlor sich mehr und mehr. Beide konnten nicht verstehen, dass sie trotz ihrer grossen Liebe füreinander und ihrer ganzen Arbeit an sich selbst an diesem Punkt gelandet waren. Sie hatten alles investiert, die ganzen Kräfte auf dieses Projekt fokussiert, und jetzt dies. Sie wussten nicht mehr weiter.

So befanden wir uns also in einer durch und durch verzwickten Situation und die Frage stellte sich: was war hier falsch gelaufen? Für mich kamen diese Umstände nicht überraschend. Ich hatte sie vorausgesehen, und zwar aus folgendem Grund:

Seit Paul seine Judith kannte, hatte er nur noch eines im Kopf: es MUSSTE mit ihr einfach funktionieren. Wenn er mit dieser für ihn perfekten Frau keine gemeinsame Zukunft bauen konnte, dann würde er es nie schaffen. So blendete er alles aus, das irgendwie gegen seine Pläne sprechen könnte. Judith ihrerseits war eine grosse Idealistin. In ihrer Vorstellung war einfach alles möglich, selbst wenn es nicht sehr realistisch war. So hinterfragte sie die Pläne von Paul kaum, sondern freute sich mit ihm auf ein Zusammenleben in der Schweiz. Beide mochten nicht mehr länger warten und trieben ihr Projekt voran.

Während der ganzen Zeit der Vorbereitung spürte ich, dass Paul sich selbst betrog, indem er die tieferen Gefühlsschichten einfach ausblendete. Er wollte schlicht und einfach nichts davon wissen, dass ihn das Zusammenleben mit Judith belasten könnte. Seine Existenzängste kannte er zwar, meinte aber, dass dieser Aspekt mit genügend Liebe und Willen zu lösen sei. Judith ihrerseits spürte zwar, dass Paul heftige Kämpfe mit sich ausfocht, war aber ebenfalls der Meinung, das liesse sich alles mit ihrer Liebe und Hilfe lösen. Beide wollten die Wucht der tieferen Ebenen nicht wahrhaben.

Mit viel Hingabe hatte das Paar einen starken Fokus gesetzt und fortwährend genährt. Und dennoch klappte es nicht. Der Grund dafür ist sehr einfach: sie missachteten die Realität. Theoretisch ist es machbar, selbst unwahrscheinlich scheinende Möglichkeiten zu realisieren. Fraglich ist nur, ob wir in der Lage sind, die entsprechenden Energien aufzubringen, um tiefere Schichten in uns entsprechend umzupolen. Dafür müssen wir uns unseren Ängsten stellen und diese durcharbeiten. Sonst erfolgt einfach eine Abspaltung, wie ich sie schon beschrieben habe. So muss man sich zeitweise eingestehen, dass unter den gegebenen Umständen gewisse Visionen kaum realisierbar sind. Beharren wir dennoch auf unseren Ideen, geraten wir in eine verfahrene Situation, aus der wir uns mühsam wieder in unsere Mitte zurückkämpfen müssen. Das sind sehr schmerzhafte Prozesse.

Welche Umstände müssen wir nun aber in unsere Rechnung einbeziehen, damit wir nicht einen Fokus setzen, der uns auf Abwege führt? Dies sind zwei wesentliche Faktoren: einerseits *persönliche Konstellationen*, andererseits *gesellschaftlich gegebene Faktoren*. Zu ersterem gehören u.a. die Kraft der tieferen Ängste, die Werkzeuge, mit denen wir an unseren Problemen arbeiten und anderes. Zu letzterem zählen beispielsweise örtliche Gesetze und Vorschriften, welche eine (berufliche) Vision erschweren oder verunmöglichen können, aber auch finanzielle Gegebenheiten und vieles mehr.

Nun stellt sich die Frage, wie wir erkennen können, ob unsere Visionen realistisch sind. Dafür verwende ich persönlich schlicht und einfach meinen gesunden Menschenverstand. Zusätzlich hilft mir aber auch das Spiegelprinzip, das ich in Band 3 bereits ausführlich dargestellt habe. Wenn auf dem Weg zu einem angestrebten Ziel immer nur Widerstände auftauchen, muss ich mein Projekt vertieft überprüfen. Dabei gibt mir die Art der Widerstände Aufschluss darüber, welche Bereiche ich genauer unter die Lupe nehmen muss. Ein weiterer Faktor ist der folgende: wenn ich immer mehr zum Schluss komme, dass mir gewisse Leute oder Umstände das Leben schwer machen und mich auf meinem Weg behindern, muss ich auch dieses Phänomen genau studieren. Sobald ich zu glauben beginne, ich müsse primär meine Umgebung ändern, damit mein Projekt gelingt, befinde ich mich auf dem Holzweg. In diesem Moment ist es wichtig, die Hindernisse genau zu analysieren, denn sie geben Hinweise darauf, wo ich Denkfehler gemacht habe. Nutze ich diese Spiegel, kann ich fortwährend einen eingeschlagenen Weg überprüfen und gegebenenfalls verändern. Gelingt es mir, innerlich eine gewisse Flexibilität aufzubauen und zu bewahren, kann nicht viel schief gehen. Dann ist es möglich, dank eines starken Fokus mein Leben tiefgreifend zu verändern. *Leitsatz Nummer 3* lautet also: „betrüge dich nicht selbst, indem du die Realitäten ausblendest."

Nun sollten wir wieder zur Frage zurückkommen, wie wir einen erfolgsversprechenden Fokus aufbauen können, wenn wir an einem Tiefpunkt angelangt sind, der uns den Glauben an einen Fortschritt nimmt. Um zu einer schlüssigen Antwort zu kommen, möchte ich in einem nächsten Schritt von meiner therapeutischen Tätigkeit erzählen. Dadurch werden gewisse Prinzipien sichtbar, die das Setzen eines Fokus betreffen. Davon ausgehend werde ich verschiedene Möglichkeiten aufzeigen.

6 – Wichtige Prinzipien für den Aufbau eines Fokus

6.1 – Einführung

Wollen wir in dieser irdischen Dimension bestehen, müssen wir vollendete Ignoranten sein. Wäre dem nicht so, hätten wir ein riesiges Problem: wir würden sämtliche Energien wahrnehmen, welche fortwährend auf uns einwirken. Unser Gehirn wäre bei dieser Datenmenge so sehr unter Beschuss, dass es ziemlich überfordert wäre. Vor lauter Inputs wüssten wir gar nicht mehr, auf was wir uns konzentrieren sollten und hätten ein Riesenchaos. Gleichzeitig wären wir wohl überrascht, was wir selbst an Energien in die Welt hinausschicken. Auch hier könnten wir wohl nur Weniges wirklich erfassen, weil alles in einem Riesentempo erfolgt. Unser Körpersystem ist aber glücklicherweise für diesen Umstand gerüstet: wie wir bereits wissen, filtert es einfach aus, was ihm unwesentlich erscheint. Damit muss unser Gehirn nur einen verschwindend kleinen Teil vom Ganzen verarbeiten. Obschon wir folglich dank dieser Filtermechanismen eine unwahrscheinliche Menge an ein- und ausfliessenden Energien nicht wahrnehmen, heisst das aber nicht automatisch, dass sie nicht existieren. Deshalb könnte es durchaus von Interesse sein, sich mit diesen Energien auseinanderzusetzen. Weil sie in jedem Augenblick aktiv sind, müssen wir nämlich davon ausgehen, dass sie unser Leben in vielen Bereichen beeinflussen. Wenn wir eine Ahnung davon haben, welche Mechanismen dabei spielen, könnte das hilfreich beim Setzen eines günstigen Fokus sein

Da ich täglich mit Energien arbeite, ist es naheliegend, dass ich erst einmal von meiner Erfahrung berichte. Dies gibt mir die Gelegenheit, dir – lieber Leser – einen kleinen Einblick in diese Welt zu geben, von der du wahrscheinlich ebenfalls einiges erfassen kannst. Dabei hoffe ich natürlich, ich könne dir mehrere für dich neue Fakten näher bringen. Deshalb versuche ich, so gut wie möglich zu beschreiben, was ich auf innerer Ebene sehe, was ich fühle und welche anderen Wahrnehmungen mir Informationen geben.

Hier möchte ich noch einmal darauf hinweisen: Wir alle haben die Fähigkeit, Energien wahrzunehmen, aber wir müssen üben. Jede Person muss dabei ihr ganz eigenes *Kommunikationsmodell* erarbeiten. Im Grunde genommen handelt es sich nämlich um nichts anderes: ein ganz gewöhnliches Kommunikationsmodell. Anstatt mittels Sprache (aneinandergereihte Wörter), unterhalten wir uns mit den Energien einfach in einer etwas anderen Form. Diese „andere Sprache" müssen wir lernen, wie wir dies mit jeder Fremdsprache tun würden. Dort geht es uns in der Regel folgendermassen: Wenn wir in einem fremden Land verweilen, werden wir am Anfang zwar Laute wahrnehmen, ihnen aber keine Bedeutung zuordnen können. Erst mit der Zeit beginnen wir zu verstehen, was mit einzelnen Lautfolgen gemeint ist. Haben wir erst einmal diese Herausforderung bestanden, sind wir bald auch in der Lage, diese Laute zu imitieren, uns also in der neuen Sprache unserem Gegenüber verständlich zu machen. Je grösser unser Wortschatz ist, umso mehr können wir verstehen sowie uns mitteilen.

Im Gegensatz zu einer Fremdsprache, die aus einer begrenzten Menge von Worten besteht, scheint uns die Fülle der Energien unendlich zu sein. Wir dürften also trotz aller Anstrengungen immerfort nur Lernende bleiben, welche nie in der Lage sind, die ganze Sprache zu beherrschen. Doch selbst mit einem rudimentären Grundwortschatz wären wir wesentlich besser gestellt, als wenn wir gar nichts wissen. Also lohnt es sich dennoch, die komplexe Materie anzugehen. Begeben wir uns folglich auf einen Crashkurs im Umgang mit Energien. Dabei behalten wir unsere im letzten Kapitel gestellte Frage im Auge: wie können wir einen günstigen Fokus erarbeiten, selbst wenn alles in uns in eine negative Richtung driftet?

6.2 – Das Energiesystem des Menschen

Theoretisch kann man das Energiesystem eines Menschen mit einem rege befahrenen Strassennetz vergleichen. Stellen wir uns einmal vor, eine Stadt muss ihre Verkehrsplanung überarbeiten. Dabei können die verantwortlichen Fachleute auf ein bestehendes Strassennetz zurückgreifen, das nun aber vernünftig mit lenkenden Massnahmen wie Schildern, Ampeln, baulichen Massnahmen (z.B. Verengungen) und vielem mehr ausgestattet werden muss. All dies sollte auf das Verkehrsaufkommen abgestimmt werden, welches durch Erfahrungswerte bereits bekannt ist. Je nachdem, wie geschickt die Planer vorgehen, wird der Verkehr in der Folge mehr oder weniger flüssig vonstattengehen.

Was recht einfach tönt, kann eine äusserst knifflige Angelegenheit werden, denn die Verkehrsführung am einen Ende der Stadt kann sehr wohl auf einen Knotenpunkt am anderen Ende einen erheblichen Einfluss haben. Es ist also eine sehr geschickte Koordination notwendig. Geschehen Planungsfehler, wird dies zu verschiedenen Missständen führen: gewisse Strassen sind dann ständig verstopft, weil sie das Verkehrsaufkommen nicht bewältigen können. Dem gegenüber werden manche Schnellstrassen zu wenig genutzt. Velofahrer geraten möglicherweise in gefährliche Situationen, weil ihre Spur von Autos mitbenützt wird. Lastwagen blockieren beim Ein- und Ausladen ihrer Ware Durchgangswege, weil keine Abstellplätze eingeplant wurden und vieles mehr. Die Verkehrsteilnehmer werden unzufrieden sein, weil sie nicht vorankommen. Bewohner von Quartieren werden stöhnen, weil sie von Autos überschwemmt werden, welche Schleichwege suchen. Gewisse Vororte lassen sich nur mit sehr viel Geduld erreichen, andere sind nicht einmal richtig erschlossen. Alle Betroffenen sind genervt und fühlen sich gestresst.

Solange die verkehrstechnischen Massnahmen nicht verändert werden, wird sich täglich das gleiche Bild ergeben. Eine geschickte neue Beschilderung hingegen vermag das Ganze zu beruhigen und zu entspannen.

Wären wir in der Lage, unsere Energiesysteme sichtbar zu machen, würden sie einer Strassenkarte wohl recht ähnlich sehen. In den meisten Fällen würden wir wahrscheinlich mit Bildern konfrontiert, die von einer eher schlechten Verkehrsführung zeugen. An gewissen Orten könnten wir massive Staus ausmachen, dafür würden andere Bahnen leer ausgehen. Stellenweise wären die Verhältnisse ev. so prekär, dass ein Verkehrs-Kollaps droht.

Solchen Situationen begegne ich regelmässig, wenn Patienten in meine Praxis kommen. Weil eine Veränderung der Verhältnisse eine sehr komplexe Angelegenheit ist, stehen die Hilfesuchenden oft vor scheinbar unlösbaren Problemen.

An dieser Stelle ist meine Rolle als Therapeutin gefragt. Ich bin nun gefordert, „von Staus geplagten Städtern" eine Entspannung ihrer misslichen Lage zu verschaffen. Doch wie kann ich das leisten?

6.3 – Therapeutische Arbeit mit dem Energiesystem

Nach einem mehr oder weniger langen Gespräch bitte ich die Klienten, sich auf den Behandlungstisch zu legen. Nun stelle ich mich ans Fussende und verschaffe mir einen Überblick über die Situation, also über den „Verkehrsfluss in der entsprechenden Stadt". Dies erreiche ich, indem ich in fragender Haltung dort stehe. Damit signalisiere ich dem Energiesystem des Gegenübers, dass ich an einem Eindruck über seinen Zustand interessiert bin. Das System des Hilfesuchenden ist in der Regel sehr dankbar, dass es endlich eine Ansprechperson hat, der es sich mitteilen kann. Es schickt mir in der Folge entsprechende Informationen zu. Wie beim sprachlichen Ausdruck fällt diese Sendeleistung sehr unterschiedlich aus. Jedes System funktioniert ein bisschen anders. Von manchen Systemen erhalte ich sehr klare Wissenseinheiten, bei anderen sind diese eher diffus und/oder unvollständig. Ich als Therapeutin sollte fähig sein, mit diesen verschiedenen Sende-Formen umzugehen. Dafür muss ich eine gute Empfängerin sein. Doch was heisst das genau?

Am besten vergleicht man meine Rolle beim Einholen von Informationen mit einem Fernsehapparat. Damit dieser dem Betrachter einen sauberen Ton sowie scharfe Bilder liefert, braucht es eine ausgeklügelte Technik. Als erstes wäre die *Antenne* zu nennen. Sie muss in der Lage sein, verschiedene Signale zu übermitteln. Je mehr Frequenzen sie dabei zu verarbeiten vermag, umso mehr verschiedene Sender können in der Folge empfangen werden. Diese Übermittlung nützt allerdings nichts, wenn nicht gleichzeitig ein Gerät vorhanden ist, das die übermittelten *Signale in Ton und Bild umsetzt*. Nur wenn diese beiden Bedingungen erfüllt sind, werde ich in meiner guten Stube sitzen und genüsslich eine Sendung anschauen können.

Für mich als Therapeutin bedeutet dies folgendes: Als erstes sollte ich gemäss der Analogie eine leistungsfähige Antenne haben. Damit deren Spannbreite möglichst gross ist, braucht es ein entsprechendes Training. Allerdings reicht es nicht aus, viele Stunden lang Energiesysteme zu lesen. Wichtiger ist nämlich der Umstand, dass ich überhaupt über die grundlegende Fähigkeit verfüge, gewisse Frequenzen wahrzunehmen. Doch wie soll ich das sicherstellen? Für eine gute verständliche Antwort möchte ich kurz ausholen.

Energien sind Schwingungen. Diese können aus langsamen oder schnellen Bewegungen bestehen. Je mehr eine Energie verdichtet ist, umso langsamer schwingt sie. Das bedeutet, dass Stoffe, die sehr fest sind wie z.B. Knochen oder Holz, aus sehr langsam schwingenden Energien aufgebaut sind. Dem gegenüber stehen Energien, welche sehr schnell schwingen. Diese entsprechen den feinstofflichen Bereichen wie den Emotionen und den Gedanken. Je höher die Frequenzen sind (je schneller also die Energien schwingen), umso feinstofflicher sind die erzeugten Energiefelder. Ebenen wie diejenige der Auren oder diejenige der Verstorbenen sind Beispiele für Bereiche mit sehr schnellen Schwingungen. Wenn ich folglich Zugang zu entsprechenden Feldern haben möchte, bin ich gezwungen, diesen zu erarbeiten. Dafür muss ich fähig werden, *in mir selbst* die entsprechenden Energien wahrzunehmen. Das bedeutet, dass ich sowohl zu meiner materiellen Seite (also meinem Körper), als auch zu meiner feinstofflichen Seite (also meiner Seele) einen freien Zugang haben muss. Was ich in mir selbst nicht wahrzunehmen vermag, kann ich nämlich auch ausserhalb von mir nicht erfassen. Wie bereits gesagt ist bei den meisten Menschen die Verbindung zu vielen ihrer Bereiche blockiert, und zwar durch Missverständnisse, Traumen und Ängste. Somit sind wir einmal mehr aufgefordert, an uns zu arbeiten, was knochenhartes und geduldiges Durchdringen unserer Probleme erfordert.

Habe ich dank beständiger Arbeit an mir selbst meine Antenne geschärft, bin ich bereits auf einem guten Weg. Aber – wie oben dargelegt – reicht dies nicht aus, dass ich als Therapeutin erfolgreich bin. Daneben brauche ich auch noch ein Instrument, das mir die Energieimpulse in verständliche Wahrnehmungseinheiten übersetzt. Dies können Bilder, Gefühle, auftauchende Wissensblöcke und anderes sein. Wichtig ist lediglich, dass ich ihre Bedeutung zu entschlüsseln vermag. Damit wären wir wieder bei der Fremdsprache angelangt, die ich mir stückweise aneignen muss. Je grösser mein „Wortschatz" ist, umso mehr bin ich befähigt, detaillierte Informationen einzuholen. Ich werde also sehr genau erfahren, wo in der „Stadt" des anderen Probleme in der Verkehrsführung bestehen und weshalb dem so ist.

Stellen wir uns einmal vor, ich bin eine gute Empfängerin von Informationen. Nun ergibt es sich, dass eines Tages auf unzähligen TV-Kanälen das gleiche Thema abgehandelt wird. Weil in einem Gebiet der Welt Probleme bestehen, berichten alle Sender in unterschiedlichster Art und Weise von diesem einen Land. Da ich fähig bin, dank meiner Antenne sehr viele Programme zu empfangen, kann ich mich in die verschiedensten Sender einschalten. Dabei werde ich auf jedem Kanal anderen Darstellungsweisen des Landes und des Problems begegnen. Indem ich unzählige Varianten kennenlerne, kann ich mir ein immer umfangreicheres Bild von der effektiven Situation machen und unterschiedlichste Problemherde erkennen. Zudem lerne ich eine Menge über die geographischen, geschichtlichen sowie völkerkundlichen Einzelheiten dieser Erdenregion.

Übersetzen wir dieses Bild in die therapeutische Situation, ergibt sich folgender Umstand: je besser meine Qualitäten als Empfängerin sind, umso mehr Energieschichten einer anderen Person kann ich erfassen. Dies betrifft einerseits die Bandbreite, also unterschiedlichste Bereiche derselben Ebene (z.B. viele Einzelheiten aus der Körperebene bzw. viele Einzelheiten aus der mentalen Ebene). Andererseits ist es mir aber auch möglich, eine grosse Tiefe abzudecken. Damit meine ich die verschiedenen Frequenzen. So bekomme ich Informationen aus dichteren Bereichen wie Knochen, gleichzeitig aber auch aus sehr schnell schwingenden Ebenen wie die Seelenebene. Anschliessend sind meine Erfahrungen und meine geistige Wendigkeit gefragt: aus all diesen Puzzleteilen muss ich mir nämlich ein Bild zusammenreimen können, weshalb die entsprechende Person Probleme hat und wie man sie lösen könnte. Und hier komme ich auf die Eingangsfrage zurück, wie ich einen positiven Fokus setzen kann, wenn alles in mir in eine negative Richtung driftet. Zu diesem Zweck möchte ich nun schildern, wie ich anderen Leuten auf der Grundlage der bereits eingeholten Information aus einer verfahrenen Situation helfe. Daraus ergeben sich nämlich die gesuchten Antworten.

Für mich ist es eine feststehende Realität, dass in jedem System – auch wenn es fürchterlich entgleist ist – irgendwo noch gesunde Elemente zu finden sind. Die Kunst besteht einfach darin, diese aufzuspüren. Dafür stehen mir zwei Möglichkeiten zur Verfügung: ich gehe auf der Zeitachse rückwärts und suche nach einem früheren Zustand, bei dem die Energien noch in einer gesunden Form flossen. Finde ich hier nichts oder ist dieser Ansatz für die entsprechende Person nicht geeignet, kann ich mich auf der Zeitachse auch vorwärts bewegen und nach einer Vision suchen, welche kraftvoll und intakt wirkt. Dort ist offensichtlich eine zukünftige Form abgespeichert, die aufzeigt, in welche Richtung der Heilungsweg gehen könnte. Ob vor- oder rückwärts spielt insofern keine Rolle, als ich bei beiden Varianten dasselbe unternehme: ich nähre die angestrebte Form, indem ich ihr mittels meiner Aufmerksamkeit (was nichts anderes ist als mein Fokus) Energie zukommen lasse. Gleichzeitig suche ich den Weg, die kranken Bereiche in die gesündere Form zu überführen.

Bildlich dargestellt mache ich im Grunde folgendes: Ich suche in Anbetracht der „verstopften Stadt" einen früheren Zustand, bei dem die Verkehrsführung noch funktionierte. Finde ich einen, kann ich ihn als Grundlage für eine neue Organisation benützen. Ist keine solche Variante verfügbar, muss ich eine Vorstellung erarbeiten, wie ich die Stadt verkehrsmässig auf Vordermann bringen könnte. Dann erfolgt die Sisyphusarbeit: ich muss sozusagen mit Verkehrszeichen, Ampeln und anderen lenkenden Massnahmen „spielen", bis ich eine Version finde, die funktionieren könnte. Was ein Verkehrsplaner wahrscheinlich mittels Computeranimation löst, muss ich in meinem Kopf vollbringen: ich überlege mir eine Lösung und stelle sie mir bildlich vor. Diesen Vorschlag halte ich fest und nehme innerlich eine fragende Haltung ein. Damit appelliere ich an das System der hilfesuchenden Person und fordere es so auf, diese Version zu überprüfen. Gleich erfolgt eine Antwort, die ich in Form eines Gedankens, eines Gefühls und/oder einer Hell-Dunkel-Wahrnehmung erfasse. Dies gibt mir Aufschluss darüber, wie brauchbar mein Vorschlag ist. Möglicherweise empfange ich eine Information, die eine Korrektur an meiner Version anbringt. Also verändere ich meinen Vorschlag und ersuche das System erneut, ihn zu beurteilen. So geht es hin und her, bis eine befriedigende Lösung gefunden ist, die umgesetzt werden kann.

Damit ist der Prozess aber noch nicht abgeschlossen. Sobald ich alle Komponenten der anzustrebenden Vision auf die Reihe gebracht habe, geht es darum, den Weg der Gesundung in kleine Einzelschritte zu unterteilen. Dieser Aspekt ist wesentlich, dass ein Erfolg möglich wird. Gelingt mir diese Leistung nämlich nicht, kann die hilfesuchende Person mit meiner Therapie nicht viel anfangen. Sie weiss dann zwar, was sie alles machen sollte, aber der Prozess ist nicht ausführbar. Da unsere krankhaften Muster sehr eingefleischt sind, können wir sie nicht ohne weiteres verändern. Solche Versuche scheitern in der Regel nach kurzer Zeit. Wir müssen uns mittels kleinster Schrittchen etappenweise unserem Ziel annähern. Von einer Therapeutin erfordert dies eine grosse Kreativität. Eine Veränderung der Verhältnisse kann nur dann erreicht werden, wenn ein Weg für die hilfesuchende Person geschaffen wird, der nicht allzu viel Stress erzeugt.

Nun sind wir bereits am Ende unseres Crash-Kurses angelangt, mit dem ich einige Grundprinzipien im Umgang mit Energien aufgezeigt habe. Betrachtet man nur die groben Züge der beschriebenen Mechanismen, ergibt sich eine recht klare, nicht besonders komplizierte Struktur. Geht man dabei aber in die Tiefe, wird es schon ein bisschen schwieriger. Wenn man zusätzlich die Eigenarten der verschiedenen Menschen berücksichtigt, kann meine Tätigkeit ziemlich trickreich werden. Im Unterschied zur Fachperson für Verkehrsführung habe ich es nämlich mit einem lebendigen System zu tun, das sich fortwährend verändert. Zudem gibt es einen Umstand, der mir die Arbeit sehr schwer machen kann: dies sind die Denkmuster einer Person. Sie sind häufig ausschlaggebend dafür, wie schnell wir mit der Arbeit vorankommen bzw. wie erfolgreich wir damit sind. Aus diesem Grund möchte ich sie im folgenden Kapitel ein bisschen genauer unter die Lupe nehmen. Damit kannst du – lieber Leser – ein weiteres Mal überprüfen, ob du dich mit ungünstigen Verhaltensweisen in deinem Leben gleich selbst sabotierst und möglicherweise deine Bemühungen, einen günstigen Fokus zu setzen, ständig selbst zum Scheitern bringst.

7 – Denkfehler, die zu Misserfolgen im Leben führen

Wir müssen uns im Klaren sein: dass wir an dem Punkt angekommen sind, an dem wir stehen, hat eine bzw. mehrere Ursachen. Diese Ursachen verschwinden nicht einfach von selbst. Deshalb ist es vorteilhaft, sie aufzudecken. Wenn wir nämlich wissen, wo wir beispielsweise Denkfehler gemacht haben, können wir ähnliche Fallen in der Zukunft vermeiden.

Betrachten wir meine Situation nach dem letzten Navaratri: Durch meinen Zusammenbruch und meine allgemeine körperliche Verfassung sagte mir meine *Logik*, dass einiges falsch gelaufen war und ich mich in einer Abwärtsbewegung befinde. Meine *Erfahrung* führte mich auch nicht zu einer positiveren Einschätzung der Situation: im Grunde genommen plagte ich mich noch immer in unvermindertem Mass mit meiner Essstörung herum, die mich sehr einschränkte. Trotz intensiver Arbeit daran konnte ich eigentlich keine grossen positiven Veränderungen verbuchen. Andererseits musste ich zugeben, dass ich im Gesamten dennoch eine gute Entwicklung durchlaufen hatte. Immerhin stand ich nicht mehr am gleichen Ort wie vor einigen Jahren. Ich war reifer, besser mit meinem Körper verbunden sowie ruhiger und gelassener geworden. Zudem waren meine therapeutischen Fähigkeiten gewachsen, was darauf zurückzuführen ist, dass ich in mir schon etliche Blockaden gelöst hatte. Irgendwie passte das alles aber nicht zusammen: ich komme zwar weiter, bleibe aber zugleich stehen oder mache sogar Rückschritte. Meine Erfahrung verknüpft mit meiner Logik ergibt also ein Bild, das unlogisch erscheint. Weshalb ist dem so?

Hier ging ich ganz einfach einer beschränkten Denk- und Sichtweise auf den Leim. Da ich diesem Phänomen täglich bei meinen Patienten begegne, ist es sinnvoll, es detaillierter zu betrachten. Folgende Fehler tauchen immer wieder auf:

    a) Das eigene Denken basiert lediglich auf einem materiell orientierten Weltbild. Die feinstoffliche Ebene wird dabei weitgehend ausgeblendet. Was meine ich damit?

Am besten erkläre ich diesen Sachverhalt anhand einer Studie, die ich kürzlich gelesen habe. Dabei wurde das Frühstücksverhalten von Kindern mit ihren Leistungen in der Schule verglichen. Das Resultat schien eindeutig: wer ungesund frühstückt, schreibt in der Schule schlechtere Noten. Wer also bessere Leistungen erbringen will, muss einfach ein vollwertiges Frühstück zu sich nehmen.

Wenn das Leben wirklich so einfach wäre, hätten wir auf dieser Welt wohl weniger Probleme. Mir stellte sich bei diesem Artikel recht schnell die Frage, weshalb Kinder am Morgen gesunde oder ungesunde Nahrungsmittel konsumieren. Dazu gibt es nämlich auch Studien. Diese kommen zum Schluss, dass gebildetere Eltern eher auf eine gesunde Ernährung achten als ungebildetere. Könnte es folglich nicht einfach so sein, dass gebildetere Eltern ihre Kinder nicht nur beim Essen anders anleiten, sondern auch in anderen Bereichen unterschiedlich erziehen sowie andere Gene vererben? Somit wäre die gute Leistung nicht auf das Frühstück als solches zurückzuführen, sondern eher auf die persönliche Konstellation der Eltern. Folglich hätten die Initianten der Studie Zusammenhänge geschaffen, die so nicht existieren. Solche „Erkenntnisse" werden dann durch die Medien verbreitet und führen dazu, dass sich bei den Menschen falsche Vorstellungen in den Köpfen einnisten. Hier wurde meines Erachtens einfach zu kurzsichtig interpretiert. Überhaupt: seit ich an der Universität war, bin ich mit sogenannt wissenschaftlichen Studien sehr vorsichtig geworden. Ich glaube lieber nichts mehr, bevor ich nicht die Versuchsanordnung gelesen habe. Wie und was genau gemessen wird, stimmt meiner Ansicht nach vielfach nicht mit den Aussagen überein. Eine kritische Haltung gegenüber solchen Untersuchungen ist also durchaus angebracht.

Obschon ich selbst von mir sagen kann, dass ich wirklich nicht leichtgläubig bin, passierte mir im Grunde genommen dasselbe wie einem unsauber arbeitenden Wissenschaftler, einfach ein bisschen in einer anderen Form. Genau genommen wusste ich nicht wirklich, weshalb ich an diesem Punkt meines Lebens durch diese Krise gehen musste. Ich interpretierte den Zusammenbruch einfach als Versagen bei meinen Bemühungen, die Essstörung in den Griff zu bekommen. Weiter reichten meine Überlegungen leider nicht. Aber vielleicht steckte dahinter ja etwas ganz anderes. Möglicherweise war ich an einem Punkt angekommen, wo ich etwas vertieft studieren durfte, weil ich mir die Grundlagen dazu schon erarbeitet hatte. Dann würde dieser Lebensabschnitt darauf hinweisen, dass ich Fortschritte gemacht hatte. Häufig erlebe ich sogar, dass vor einem Durchbruch bei schwierigen Themen eine Phase erlebt wird, in der man quasi noch einmal mit voller Wucht „abstürzt". Wo steckte ich also in meinem eigenen Prozess? Da ich keinen Überblick über das Ganze habe, kann ich es auch nicht beurteilen. Folglich müsste ich die Interpretation offen lassen. Wenn ich nicht weiss, wie das Erlebnis auf einer grösseren Lebenslinie einzuordnen ist, bin ich im Grunde genommen gar nicht fähig, eine vernünftige Deutung der Umstände vorzunehmen. Sonst verhalte ich mich nämlich gleich wie Wissenschaftler, die davon ausgehen, dass es jenseits der Materie nichts gibt. Wenn man die feinstofflichen Bereiche aber nicht in seine Überlegungen mit einbezieht, ist die Gefahr gross, dass in kurzsichtiger Art und Weise Zusammenhänge hergestellt werden.

Soviel zum Thema Interpretation auf der Basis eines ungenügenden Wissenshintergrundes. Es gibt im Bereich der Denkfehler noch einen anderen Stolperstein, dem ich sehr oft begegne:

b) Wir leben als körperliche Wesen in einer materiellen Welt. Dies bedeutet gleichzeitig, dass wir ständig mit Polaritäten konfrontiert werden. Da gibt es folglich ein ICH und ein NICHT-ICH, ein INNEN und ein AUSSEN. Die beiden Aspekte sind durch eine Grenze klar getrennt. Wenn dem nicht so wäre, gäbe es keine Materie in unserem Sinn, denn jedes Objekt ist abgegrenzt von den anderen Objekten. Das Gleiche gilt für die Eigenschaften der Objekte: entweder ist etwas gross oder klein.

Es kann auch etwas dazwischen sein, aber es ist unmöglich, dass es sowohl gross als auch klein ist. Ebenso unmöglich ist es, dass sich etwas sowohl kalt als auch heiss anfühlt. Jede Temperatur ist möglich, auch lauwarm. Aber sie ist klar abgegrenzt gegen alle anderen Temperaturen. Mit unserem menschlichen Gehirn können wir diese Umstände gut erfassen und somit klare Gesetze formulieren, wie etwas ist und wie es funktioniert.

Je mehr wir uns allerdings in Bereiche begeben, die nicht rein materieller Natur sind, gelten andere Gesetze. Ein Beispiel soll dies verdeutlichen:

Mit meinem älteren Bruder Charles hatte ich während der Kindheit kaum Kontakt. Ich kannte ihn nicht wirklich. Erst in späteren Jahren fanden wir zueinander, und zwar vor allem über das gemeinsame Interesse an der Spiritualität. Charles hatte sich dem tibetischen Buddhismus zugewandt, ich hingegen kannte das Christentum und war durch Swamiji mit dem Hinduismus konfrontiert. Wir hatten folglich unterschiedliche Denkmodelle. Nun begannen wir über philosophische Themen zu diskutieren. Dabei kreuzten wir zeitweise voller Inbrunst unsere Schwerter und beide versuchten, das Gegenüber von seinen Weisheiten zu überzeugen. Wie gesagt: wir bewegten uns auf der *philosophischen Ebene*, also in einem nichtmateriellen Bereich. Plötzlich machte es in mir „Klick": ich begann zu verstehen, was Charles mir die ganze Zeit hatte sagen wollen. Weil er Bilder benützte, die mir nicht geläufig waren, ordnete ich seine Aussagen falsch ein. Aber jäh erkannte ich, dass er im Grunde genommen genau das Gleiche sagte wie ich, nur mit anderen Worten. Von diesem Moment an war ich sehr vorsichtig. Immer, wenn ich eine Aussage von Charles als falsch befand, begann ich nachzudenken, was er damit wirklich meinte. Schlussendlich hatten wir nämlich meistens beide recht. Doch wenn man gewisse Sachverhalte nicht gut durchdenkt, verfällt man leicht einem „Entweder-oder-Denken": *„entweder* hat

Charles Recht *oder* ich. Es ist unmöglich, dass bei zwei unterschiedlichen Aussagen zum gleichen Thema beide richtig sind."

Eigentlich müsste man hier nur an einen Berg denken: wenn ich das Matterhorn von derjenigen Seite her fotografiere, von der es sehr bekannt ist, wissen sofort alle, um welchen Berg es sich handelt. Ich kann das Matterhorn aber auch von der Rückseite her ablichten. Dieses Bild wird völlig anders aussehen als das erste. Dennoch handelt es sich um den gleichen Berg. Es kommt also immer auf den Standpunkt des Betrachters an. Je nachdem, wo dieser steht, wird er gewisse Phänomene anders wahrnehmen als eine Person, welche an einem anderen Ort steht. Also muss man Aussagen immer im Zusammenhang mit der Betrachtungsweise verstehen, dann entgeht man der Gefahr, andere falsch zu verstehen.

Ein anderes Beispiel zum Entweder-oder-Denken: wenn ich mir in einer Gesellschaft viel Raum nehme, gehen wir davon aus, dass ich anderen Personen Raum wegnehme. Anders ausgedrückt: ich stelle mich allein ins Zentrum und andere müssen folglich neben mir verblassen. Doch dem ist nicht so: wir können uns alle ohne weiteres viel Raum geben, ohne dass jemand darunter leiden muss. Aus materieller Sicht ist dies unmöglich, da Raum beschränkt ist. Aber der feinstoffliche Raum ist grenzenlos, hier hat es genug für alle. Wir dürfen uns alle voll entfalten, ohne dass dadurch Mitmenschen beschnitten werden.

Ich habe im Laufe der Zeit gelernt, dass viele Umstände nicht mit „ *entweder – oder*" beschrieben werden können, sondern dass die Realität meistens ein „ *sowohl – als auch*" beinhaltet. Wir müssen unser Denken von der materiellen Sichtweise erheben und unsere geistige Natur einbringen. Diese ist nicht polar und abgegrenzt, hier gelten andere Gesetze. Wir sind folglich gefordert, sowohl ein polares als auch ein nicht polare Denken zu pflegen. Beide sind in gewissen Bereichen richtig. Wir müssen einfach immer wissen, wann welche Denkweise am Platz ist.

Wegen unserer Tendenz, eingeschränkt zu denken, liebe ich die Quantenphysik ganz besonders. Sie stellt viele unserer alten physikalischen Gesetze in Frage und zeigt, dass wir ohne neue Denkmodelle eine beachtliche Anzahl von Phänomenen nicht mehr erklären können. Dies ist für mich ein Aufruf an die ganze Gesellschaft: macht euch auf den Weg, erweitert euer Denken! Obschon ich sehr offen für ein fortschrittliches Denken bin, gerate ich erstaunlicherweise immer wieder in Situationen, in denen ich mich ertappe, alten Mustern auf den Leim zu gehen. Mich deswegen zu verurteilen bringt nicht viel, das wäre einfach eine weitere Falle. Es ist besser, sich liebevoll wieder zu einer neutralen Sichtweise zurückzuführen. Wir müssen uns bescheiden eingestehen, dass unser Denken aus sehr eingefleischten Gewohnheiten besteht. Durch verschiedene Umstände haben wir von klein auf gelernt, die Welt und uns selbst in einer ganz spezifischen Art und Weise zu betrachten und zu beurteilen. Dabei wurden wir von Vorbildern wie den Eltern und Lehrpersonen beeinflusst, aber auch durch eigene Erlebnisse und Traumen. So entstand eine ganz eigene Sichtweise. Wenn wir diese nicht bewusst verändern, werden wir ständig Opfer von uns selbst: jeder Input von aussen wird dann einen berechenbaren Output hervorbringen, immer nach demselben Muster. Damit sind wir im Grunde genommen gleich beschränkt wie primitive Lebewesen, die nicht viele Möglichkeiten haben, auf ihre Umwelt zu reagieren. Sie funktionieren sehr simpel: Nahrung aufnehmen, verdauen, ausscheiden. Zu viel mehr sind sie unseres Wissens nicht in der Lage. Sind unsere Denkgewohnheiten konstruktiv, mag dies ja noch akzeptabel sein. Wehe aber, wenn wir uns destruktive eingehandelt haben. Das Problem unseres Denkens ist dann folgendes: wenn wir beispielsweise ständig alles negativ beurteilen, werden wir unseren Fokus entsprechend einstellen. Als pessimistische Schwarzseher werden wir vermutlich ständig mit entsprechenden Erlebnissen eingedeckt. Dieser Umstand bestätigt sehr wirksam unsere Sichtweise: „Mein Leben ist eben *wirklich* voller Probleme." Also blicken wir weiterhin mit schwarzen Gedanken in die Zukunft.

Nachdem ich aufgezeigt habe, welche Fallen wir vermeiden sollten, möchte ich nun in einem nächsten Schritt endlich zum zentralen

Punkt vordringen, nämlich zur Antwort auf die Frage: was muss ich konkret tun, damit ich einen problematischen Fokus in eine günstige Form umwandeln kann?

8 – Das Errichten eines günstigen Fokus

8.1 – Einführung

Wer sich die Mühe genommen hat, während des Lesens fortwährend sich selbst zu analysieren, dürfte bereits alleine dadurch einige Verbesserungen in der eigenen Lebenshaltung angebracht haben. Nur schon das Ausmerzen der Fehlerquellen, die ich bisher beschrieben habe, kann vieles verändern. Nun geht es aber einen Schritt weiter: wir errichten jetzt gezielt einen günstigen Fokus. Die Grundlagen dafür habe ich bereits erörtert, und zwar in den Kapiteln 5 und 6.

- *Kapitel 5*
  Die Sprache der Energien ist eine ganzheitliche und bildhafte. Wenn wir also einen starken Fokus errichten wollen, müssen wir nicht mit der Rezitation von Mantras oder positiven Suggestionen arbeiten, sondern eher mit Gefühlen und Bildern.
- *Kapitel 6*
  Hier habe ich aufgezeigt, wie ich als Therapeutin vorgehe, wenn Menschen mit ihren Problemen zu mir kommen. Nachdem ich mir einen Eindruck vom Zustand der hilfesuchenden Person verschafft habe, suche ich nach einem Stück Gesundheit in ihrem Energiesystem. Dabei beschrieb ich zwei Wege: einen, der auf der Zeitachse rückwärts und einen, der vorwärts gerichtet ist.

Diese Grundsätze sollen nun weiter geführt werden

8.2 – Praktische Anwendung der Grundsätze

Es gibt Menschen, die schon in der Kindheit gewisse Zukunftsvisionen haben. Diese erscheinen in der Regel in Form eines Gefühls und/oder eines Bildes. Durch das Leben werden sie dann meistens zugeschüttet. Doch häufig erinnern sich die Leute während der Therapie wieder an diese vertrauten inneren Wahrnehmungen. Für sie ist es ein Leichtes, die Vision neu zu beleben und in ihrem Gemüt fest zu verankern. Sie müssen eigentlich nur noch regelmässig damit arbeiten. Dafür gibt es sicher verschiedene Möglichkeiten. Wie dies erfolgen kann, möchte ich kurz beschreiben.

Man sollte sich täglich die Zeit nehmen, sich die Gefühle und/oder Bilder zu vergegenwärtigen. Je lebhafter man diese Visionen in sich werden lässt, umso stärker ist ihre Wirkung. Die Bilder und/oder Gefühle sollten einen förmlich durchdringen, und zwar jede Faser des Seins. Nun gilt es, dieses ganzheitliche Erleben eine Weile in sich festzuhalten und wirken zu lassen. Selbst wenn die Bilder rudimentär und die Gefühle nicht so intensiv sind, ist die Übung wirksam. Deshalb besteht wohl die wichtigste Herausforderung darin, mit Mut und Zuversicht den Fokus stets neu zu beleben und geduldig zu üben.

Nun zurück zu den verschiedenen Möglichkeiten, eine Vision zu schaffen. Wie gesagt: wer Glück hat, verfügt bereits über eine. Ich selbst trage schon Zeit meines Lebens ein Bild mit mir herum. Dabei sehe ich mich als alte Frau, die vor einer Gruppe von sitzenden Leuten steht und sie belehrt. Wie alt ich dort bin, weiss ich nicht. Was ich genau lehre, weiss ich auch nicht, ebenso wenig, wer die Zuhörer sind und wo genau ich mich befinde. Aber das ist alles nicht so wichtig. Die Vision gibt mir ein erfülltes Gefühl, womit ich davon ausgehe, dass sie es Wert ist, weiterhin genährt zu werden.

Oft liegt die Lösung zeitlich gesehen näher. Besonders Personen, die durch schwierige Einschnitte in ihrem Leben (z.B. Unfall, Krankheit, Scheidung) aus der Bahn geworfen werden, können sich auf einen positiven Zustand zurück berufen, den sie vor dem Ereignis hatten. Damit bringen sie die konstruktive Energie von damals, die sie vorübergehend verloren haben, wieder in ihr System zurück.

Wer in der Vergangenheit nicht fündig wird, kann es mit der Zukunft versuchen. Vielleicht bestehen bereits konkrete Ziele wie das Einschlagen neuer beruflicher Wege. Als ich beispielsweise Logopädie studieren wollte, stellte ich mir mit jeder Faser meines Seins eine Situation vor, in der ich den Beruf bereits ausübte. Ich sah und fühlte mich an einem Tisch sitzen und mich auf eine Therapiestunde vorbereiten. Täglich versetzte ich mich in dieses Bild und hielt es eine Weile fest. Wie wirksam es schlussendlich war, kann ich nicht beurteilen. Ich weiss nur, dass ich die Aufnahmeprüfungen trotz eines leichten Lispelns bestand und meine Studien antreten durfte.

Mit meiner Essstörung ist es leider ein bisschen komplizierter. Ich bin nicht in der Lage, mir hier eine positive Form vorzustellen. Mir erscheint alles so verfahren, dass ich aufpassen muss, nicht den Mut zu verlieren oder in pessimistisches Denken abzudriften. Hier sind also andere Vorgehensweisen gefragt. Ich kann mir beispielsweise die Vision aus der Kindheit vergegenwärtigen. Sie beinhaltet eigentlich alles, was mich ausmacht, also auch die Ernährung. Natürlich kann ich die Essstörung auch gezielter angehen. Dann muss ich aber spezielle Techniken einsetzen, um zu einer Vision zu kommen. Folgende Möglichkeiten bestehen:

Immer, wenn einem eine positive Vorstellung einer möglichen Zukunft fehlt, kann man mit Symbolen arbeiten. Zu diesem Zweck setzt man sich am besten hin, sammelt sich und begibt sich in eine innere Ruhe. Dann fordert man sein Energiesystem (oder den geistigen Begleiter/Führer, seinen Schutzengel oder eine andere Bezugsperson von der geistigen Ebene) auf, irgendein Bild, eine Musik, eine Farbe oder etwas anderes zu schicken, das einen besseren Zustand zu einem späteren Zeitpunkt versinnbildlicht. Anschliessend wartet man einfach ab und bleibt aufmerksam nach innen gerichtet. Häufig erscheint eine Idee. Diese kann man aufnehmen und eine Weile aufmerksam betrachten. Verändert sie sich, lässt man dies einfach geschehen und wartet, bis die Erscheinung stabil bleibt. Damit kann man dann weiter arbeiten, wie ich dies oben bereits beschrieben habe. Ist man auch mit dieser Methode erfolglos, wäre folgendes Vorgehen einen Versuch wert:

Oft ist es schwierig, eine Vorstellung von sich selbst zu kreieren. Dem gegenüber fällt es einem in der Regel leichter, sich ein Bild von einer anderen Person zu machen. Dies ergibt die Möglichkeit, indirekt zu arbeiten: man stelle sich beispielsweise vor, wie einen der Arzt zufrieden mustert und einem zu den gemachten Fortschritten gratuliert.

Im Prinzip sind bei dieser Arbeit der Kreativität keine Grenzen gesetzt. Die Vorstellung muss einfach positiv sein und sich gut anfühlen.

Wenn man in der Folge mit der gefundenen Lösung arbeitet, ist es wichtig, sich diesen Zustand wirklich regelmässig zu vergegenwärtigen. Dabei möchte ich das Wort *Zustand* hervorheben, und zwar aus folgendem Grund:

Es geht darum, mit einer Vorstellung zu arbeiten, die stellvertretend für ein angestrebtes *Ziel* steht. Der *Weg* und/oder der *nächste Schritt* dorthin sollen in diese Übung *nicht* mit einbezogen werden. Hier gilt für einmal nicht "der Weg ist das Ziel". Vielmehr wollen wir das Ziel selbst erreichen. Wie wir dorthin kommen, soll uns zu diesem Zeitpunkt nicht kümmern, denn damit könnten wir in eine Falle geraten:

Um den besten Weg zu wählen, müssten wir einen Überblick über das Leben in der entsprechenden Zeitspanne haben. Nur so könnten wir sicherstellen, dass die einzelnen Schritte unter Einbezug aller Faktoren (z.B. eigene Ressourcen und Blockaden, Lebensumstände etc.) erfolgreich wären. Da wir dies aufgrund unseres eingeschränkten Bewusstseins nicht zu leisten vermögen, ist es sinnvoll, in dieser Beziehung alles offen zu lassen und schlicht die geistige Welt um Führung zu bitten. Diese werden wir mit Sicherheit erhalten. Wenn wir dann mit viel Aufmerksamkeit unseren Alltag meistern und dabei unser Verhalten mittels Spiegelprinzip oder anderen Techniken immer wieder überprüfen, werden wir automatisch den für uns besten Weg finden.

Dass man den Weg nicht ins Zentrum rücken sollte, hat noch einen anderen Grund:

Gerade bei einem Problem wie bei meiner Essstörung käme man kaum zu einem befriedigenden Ergebnis. Schon nur, wenn ich beispielsweise daran denke, was ich möglicherweise verändern sollte, fühle ich mich sofort überfordert. Wenn ich dann noch konkrete Schritte zur Umsetzung in meine Überlegungen mit einbeziehe, sehe ich nur noch schwarz. Ich weiss, dass ich diese Forderungen so nicht zu leisten vermag und fühle mich entmutigt, weil ich in Anbetracht der Situation ein hoffnungsloser Fall zu sein scheine. Folglich manövriere ich mich mit solchen Gedanken sofort in den Bereich meiner Ängste. Damit ist der erarbeitete Fokus schon wieder zerstört und ich sende weiterhin meine alten negativen Energien aus.

Wenn man wie oben beschrieben mit Vorstellungen arbeitet, muss man immer folgendes bedenken: etwas, das ich heute als unmöglich erachte, kann für mich in einem halben Jahr eine einfache Übung sein. Schliesslich entwickle ich mich ständig weiter, womit alles einer fortwährenden Veränderung unterliegt. Das ist ein weiterer Grund, weshalb man sich über den Weg besser nicht zu viele Gedanken machen sollte. Was man darüber wissen muss, wird zu gegebener Zeit ganz von selbst im Bewusstsein auftauchen. Es ist also vorteilhaft, abgesehen von den gezielten Übungen primär im Hier und Jetzt zu leben. Was gestern war und was morgen sein wird, darf nicht unser ganzes Denken in Anspruch nehmen, sonst verpassen wir nämlich das Heute. Unser Lebensausdruck findet aber hier und jetzt und in diesem Moment statt. Wenn wir dies nicht beachten und unser Alltag ein Abspulen von Gewohnheiten wird, bleiben wir mit ziemlich grosser Sicherheit in unseren altbekannten Mustern hängen und kommen nicht weiter. Da nützt auch der schönste und lebendigste Fokus nicht mehr viel.

9 – Gefahr eines kraftvollen Fokus

Ob ich wohl doch noch ein bisschen kindlich geblieben bin? Ich liebe Märchen nämlich noch immer. Schon in der Kindheit wurde es mir warm in der Seele, wenn das Gute siegte und das Böse unterlag. Zudem liess und lässt es sich so herrlich träumen. Eines der Märchen, über das ich etwas intensiver nachdachte, war „der Fischer und seine Frau":

Ein Fischer angelte eines Tages einen Butt aus dem Meer, der sich als verwunschener Prinz entpuppte. Auf die Bitte des Fisches hin löste ihn der Mann von der Angel und liess ihn wieder schwimmen. Zu Hause machte die Frau des Fischers ihrem Mann grosse Vorwürfe, als er mit leeren Händen erschien. Sie schimpfte, dass er sich zumindest etwas hätte wünschen sollen, beispielsweise eine grössere Hütte. Der Fischer kehrte zum Meer zurück und rief den Butt. Er teilte ihm den Wunsch seiner Frau mit, worauf ihn das Tier auch gleich erfüllte. So lebte der Fischer mit seiner Frau für kurze Zeit glücklich im neuen Heim. Doch bald wurde die Frau unzufrieden und wollte noch mehr Luxus. Wieder rief der Mann den Fisch und wiederum wurde der Wunsch erfüllt. Auch diesmal dauerte es nicht lange, bis die Frau erneut unzufrieden wurde und nach noch mehr Luxus und Macht verlangte. Ein weiteres Mal wurde der Wunsch erfüllt. So ging es weiter, bis die Frau schliesslich Papst war. Doch selbst dieser Zustand schien ihr zu gering. Sie schickte ihren Mann wieder zum Meer, denn sie wollte nun Gott werden. Der Fischer versuchte, seine Frau von diesem Vorhaben abzubringen, doch sie blieb hart. Schweren Herzens rief der Mann nach dem Butt und überbrachte ihm den Wunsch seiner Frau. In diesem Moment verschwand der ganze Prunk und die Frau sass wieder in der alten, schäbigen Hütte.

Man kann sich vorstellen, welche Gedanken sich in meinem Kopf abspielten: wie schön es doch wäre, wenn man sich einfach etwas wünschen könnte und es würde zur Realität. Ich war sicher, dass ich dabei weiser vorgehen würde als die Fischersfrau. Dabei überlegte ich jeweils ganz konkret, welche Fehler ich bestimmt nicht machen würde.

Ich fühlte mich weise genug, um diese Situation besser zu meistern als die habsüchtige und machtgierige Frau.

Inzwischen bin ich allerdings bescheidener geworden und fühle mich nicht mehr so selbstsicher. Wären meine Wünsche effektiv so intelligent, wie ich damals meinte? Ich wage es heute zu bezweifeln. Weshalb? Dies hat mehrere Gründe, die ich weiter unten darstellen werde. Doch zuvor möchte ich den Bogen wieder zum Ausgangspunkt dieses Buches zurückspannen.

Ganz am Anfang dieser Seiten stellte ich mehrere Lebensabschnitte dar, die alle eine Gemeinsamkeit hatten: ich stand vor einem Problem, das ich nicht mehr mit meinen bekannten Strategien lösen konnte. Ich musste also völliges Neuland betreten, wenn ich weiter kommen wollte. Besonders meine Situation mit der Essstörung nötigte mich (und nötigt mich auch heute noch), mein Bewusstsein zu erweitern. Dies hatte durchaus positive Effekte zur Folge. Ganz besonders bei meiner therapeutischen Tätigkeit merkte ich nämlich, dass ich mit viel weniger Aufwand zu weit besseren Ergebnissen kam. Dafür ist u.a. der Umstand verantwortlich, dass die Kraft meiner Konzentration und meines Fokus zugenommen haben und ich damit viel zielsicherer die Probleme der Klienten angehen kann. Eigentlich ist es ja der Traum vieler (angehender) Therapeuten, den hilfesuchenden Personen in effizienter Art und Weise helfen zu können. Auch ich hatte immer davon geträumt. Dabei stellt man sich vor, wie erhaben sich das anfühlen müsste. Jetzt, nachdem dieses Szenarium sich zumindest teilweise realisiert hat, muss ich ernüchtert feststellen, dass ich mich gar nicht so furchtbar erhaben fühle. Im Gegenteil: mir wird immer bewusster, wieviel Mühe es mit sich bringt, wenn man sich der Hilfe anderer Menschen verschrieben hat. Vor allem wird mir auch fortwährend klarer, welche Verantwortung damit verbunden ist. Obschon ich theoretisch freischaffend bin und mich folglich nach Lust und Laune organisieren könnte, fühle ich mich manchmal als Sklave meines Erfolgs. Wie könnte ich vor mir selbst noch gerade stehen, wenn ich meine Gaben vernachlässigen würde und Menschen leiden liesse, die bei mir Hilfe suchen? Hier kämpfe ich ständig mit einem tiefen Dilemma: einerseits möchte ich mich für das Wohl von möglichst vielen Personen einsetzen, andererseits muss ich darauf achten, mich nicht total zu verausgaben. Wie dies im Einstieg (1. Versuch) bereits beschrieben wurde, habe ich in dieser Beziehung noch einiges zu lernen.

Nun zurück zu unserer Fischersfrau: sie wurde Opfer eines ziemlich grossen Egos, das nach Besitz und Macht strebte. Die Situation im Märchen ist natürlich überzeichnet dargestellt, so wie es bei diesen Geschichten meistens der Fall ist. Sie sollen dem Leser ja auf leicht verständliche Art und Weise Werte näher bringen, die zu leben sich lohnt. Bewegen wir uns in subtileren Bereichen, wird die ganze Sache in der Regel ein bisschen komplizierter.

Stellen wir uns also vor, ich hätte ebenfalls einen Butt, der meine Wünsche erfüllt. Wahrscheinlich hätte ich mir schon lange eine bessere Gesundheit und vor allem eine Befreiung von der Essstörung, den Ängsten und den Zwängen gewünscht. Wenn ich aber in meinem Leben zurückschaue, muss ich mich effektiv fragen, ob dies so intelligent gewesen wäre. Im Rückblick stelle ich fest, dass genau diese Schwierigkeiten das aus mir gemacht haben, was ich heute bin. Dies hat verschiedene Gründe:

- Indem ich viele leidvolle physische und psychische Zustände selbst erlebt habe, weiss ich, wie sie sich anfühlen. So ist mein Verständnis für die Probleme meiner Klienten sehr viel tiefer.
- Durch meine eigenen Schwierigkeiten erlebte ich am eigenen Leib, welche Therapieformen hilfreich sind und welche nicht funktionieren.
- Meine eigene Suchtproblematik führte dazu, dass ich mir meiner Unzulänglichkeiten immer bewusst blieb. So wurde ich davor bewahrt, mich vom Erfolg blenden zu lassen und entsprechend mehr Ego aufzubauen.
- Und vielleicht das Allerwichtigste: mir wurde immer mehr bewusst, dass es in einem gewissen Sinn unwichtig ist, ob ich gesund werde oder nicht. Solange ich an meiner Seelenentwicklung arbeiten und meine Lebensziele anstreben kann, ist eigentlich alles in Ordnung. Der ganze Rest ist sekundär. So lernte

ich, meinen Zustand vermehrt zu akzeptieren und meine Kräfte dort einzusetzen, wo es eben möglich war.

Alle diese Punkte sind sehr wesentlich. Dazu kommt folgender Umstand: während das Ego der Fischersfrau im Märchen sonnenklar hervorscheint, ist es in Wirklichkeit oft eine verzwickte Sache. Gerade dann, wenn wir uns reif genug fühlen, unerwünschte Ansätze mit Leichtigkeit in uns zu erkennen und ausschalten zu können, sind wir hochgradig gefährdet. Das Ego versteckt sich sehr gut und wirkt äusserst subtil. Wie schnell sich gewisse Kräfte trotz unserer Abwehr durch die Hintertür in unser System einschleichen, erlebte ich im Rahmen der Essstörung häufig genug. So wurde ich in dieser Hinsicht von meinen Illusionen geheilt, alles im Griff zu haben. Mir ist mittlerweile klar: solange wir noch unter Ängsten leiden, versteckt sich in uns auch noch eine gute Portion Ego. Dieses bewirkt leider sehr wirkungsvoll, dass wir falsche Entscheidungen treffen und uns somit in Schwierigkeiten bringen. Zudem habe ich erfahren, dass das Ego uns auch betriebsblind macht. So ist es nicht selbstverständlich, dass wir uns unserer Ängste überhaupt bewusst sind. Diese werden nämlich mit Vorliebe nach aussen projiziert. Das hat zur Folge, dass uns die *eigene Welt* völlig intakt erscheint. Als problematisch erachten wir dann viel eher *die bestehenden Umstände* bzw. *das unmögliche Verhalten anderer Menschen*. Dieses Denken kann soweit führen, dass wir starke Feindbilder aufbauen, die wir zerstören wollen. Im Extremfall resultieren daraus Fanatismus und Krieg. Das Problem bei solchen Konstellationen ist folgendes: je mehr Gefühle und Kraft in eine solche egoorientierte Sichtweise fliessen, umso kräftiger ist der Fokus, der produziert wird. So kann es passieren, dass genau solche Leute sehr erfolgreich dabei sein können, andere von ihren Sichtweisen zu überzeugen. Das wiederum zeigt, welche Gefahr besteht, wenn man in einem unreifen Stadium über viel Kraft verfügt. So segensreich ein Instrument sein kann, so zerstörerisch kann es werden, wenn es falsch genutzt wird. Also wäre der Butt in meinem Leben vielleicht doch etwas problematisch gewesen.

Wenn man sich dieser Umstände bewusst wird, kann man plötzlich zum Schluss kommen, dass meine Essstörung absolut segensreich ist.

Dies tönt nun vielleicht ein bisschen zynisch, dennoch dürfte diese Behauptung sehr viel Wahrheit beinhalten. Zudem führt sie zu einer weiteren Einsicht:

Tatsächlich konnte ich die Kraft meines Fokus über die Jahre erheblich verstärken. Damit wurde es mir möglich, innere Ziele immer wirkungsvoller anzustreben. Doch gleichzeitig mit diesem Aufbau an Fähigkeiten wuchs zum Glück auch meine Weisheit. So bin ich heute nicht mehr so sicher, dass ich mir vom Butt Gesundheit wünschen würde. Ich habe erkannt, dass es ganz andere Zustände gibt, die anzustreben lohnenswerter sind. Mit meinem jetzigen geistigen Horizont erachte ich einen inneren Frieden, ein Erfüllen meiner Lebensziele und ähnliche Werte als lohnender. Aber vielleicht tönt es in einigen Jahren schon wieder anders. Schliesslich leide ich noch immer unter Ängsten, folglich ist mein Ego noch aktiv. Das wiederum macht mich bezüglich meiner eigenen Vorstellungen eher vorsichtig.

Nun kann man sich die Frage stellen, wie man in Anbetracht eines so hinterhältigen und schwer durchschaubaren Egos überhaupt weiterkommen kann, ohne immer und immer wieder ein Opfer des eigenen Denkens zu werden. Hier gibt es für mich selbst nur eine Antwort: dank meiner Führung durch meinen Seelenlehrer Swamiji blieben und bleiben mir viele Stolpersteine erspart. Zu diesem Zweck werde ich zwar gnadenlos „geschlaucht", gerate aber nie in Situationen, die mich wirklich überfordern. Swamiji führt mich einen Weg, auf dem ich in einer ausgeglichenen Art und Weise wachsen kann. Je mehr meine Kräfte zunehmen, umso mehr gedeiht auch meine Weisheit. Mir wird dann automatisch klar, wofür es sich lohnt zu leben. Meine Wunschliste schrumpft allmählich zusammen und ich werde mir bewusst, dass eine tiefe Bescheidenheit oft nützlicher ist als das Anwenden von viel Kraft, die einen zu einem bestimmten Ziel führen soll. Doch Achtung: auch letztgenannter Aspekt ist ein wichtiger Teil des Lebens. Innere Bescheidenheit ist zwar dienlich, aber nur, wenn sie tief und echt ist. Häufig entpuppt sie sich aber als Ausdruck des Egos (*bin ich nicht wunderbar und erhaben, dass ich so anspruchslos leben kann?*). Dazu gesellt sich folgender Fakt: Ohne kraftvollen Einsatz eines konzentrierten Fokus entsteht keine tragende materielle Struktur. In meinem Fall wäre dies die funktionierende Praxis. Damit würde mir aber eine wichtige Basis für einen effizienten Einsatz meiner Begabungen fehlen. Folglich blieben meine Lebensziele auf der Strecke. Einmal mehr gilt deshalb ein *„Sowohl – Als auch"*, ein *„Entweder – Oder"* ist keine gute Lösung. Folglich muss ich eine gesunde Mischung anstreben. Diese auf jeder Stufe der Entwicklung immer wieder von neuem zu finden, ist wohl eine der wichtigsten Herausforderungen.

10 – Kollektiver Fokus

Manchmal schäme ich mich abgrundtief. Dies passiert mir vor allem dann, wenn ich merke, wie ich meinen geliebten Lehrer Swamiji innerlich kritisiere. Ich weiss dann: offensichtlich habe ich etwas nicht verstanden. In meiner Unreife und mit meinem vorschnellen kritischen Geist bin ich dadurch in eine Falle geraten, was ich an mir gar nicht mag. Aber allzu tragisch darf ich diesen Umstand auch nicht nehmen, sonst blähe ich das Drama rund um meine blinden Punkte zu sehr auf und verfange mich in einer Mühle der Selbstverurteilung. Also versuche ich einfach, sofort ein inneres Verständnis von Swamijis Vorgehensweisen aufzubauen und dem noch naiven Teil in mir zu verzeihen. Sobald dies geschehen ist, komme ich innerlich wieder in eine Balance.

Mittlerweile weiss ich sehr genau, welche Aspekte mich zu einem so vorschnellen Urteil kommen lassen. Doch nun der Reihe nach.

Es ist sicher sehr edel, seine Kräfte dafür einzusetzen, anderen in aller Stille zu helfen. Wenn man aber den Zustand der Erde betrachtet, drängt sich die Frage auf: reicht dies aus? Müsste man nicht viel mehr unternehmen um mitzuhelfen, die Menschheit vor Schlimmem zu bewahren? Sollte man vielleicht politisch aktiver werden? Leider ist mein Bewusstsein zu eingeschränkt, als dass ich das Gesamte überblicken und somit die Frage schlüssig beantworten könnte. Möglicherweise ist dies aber auch ganz gut so. Ich weiss nicht, ob ich mit den Fakten klar käme, die sich mir zeigen würden.

Was ich sicher weiss: Swamiji sieht eine ganze Menge und kann recht klar abschätzen, was auf uns zukommt. In Anbetracht der Umstände mobilisiert er Kräfte, die wir gar nicht wirklich abzuschätzen vermögen. So ist es nicht erstaunlich, dass wir oft nicht verstehen, weshalb unser Meister gewisse Aktivitäten initiiert. Doch eines habe ich mittlerweile begriffen: mein Seelenlehrer nutzt die Kraft des Fokus sehr gezielt, und zwar diejenige eines *kollektiven Fokus*.

Erinnern wir uns an die Ausführungen in Kapitel 3 zurück. Dort beschrieb ich, dass alle möglichen Zukunfts-Szenarien bereits als Energiemuster bestehen. Durch die Kraft des Fokus beleben wir eine der vielen Möglichkeiten, worauf sie für uns eine irdische Realität wird. Die Kunst besteht darin, die gewünschte Potentialität so zu nähren, dass sie effektiv in unser Leben tritt. Dafür müssen wir unser Bewusstsein erheben, damit wir erkennen können, welcher Weg uns zu einem erwünschten Ergebnis führt. Dieses Wissen könnten wir dann mittels korrekter Entscheidungen umsetzen. Leider landen wir durch unsere Unbewusstheit und unser Ego oft in schwierigen Situationen. Wir erkennen die Mechanismen nicht, die wir durch unser Fühlen und Denken beleben und werden Opfer unseres Unwissens. Was uns als Individuen passiert, droht in der heutigen Zeit leider zu einem kollektiven Schicksal zu werden. Seins-Modelle werden aktiviert, die für uns als Menschheit bedrohlich sind. Die Gründe dafür liegen auf der Hand: ego-mässiges Verhalten auf allen Ebenen in Form von Gier und Machtstreben sowie anderen unschönen Verhaltensweisen. In Anbetracht der gewaltigen Energien, die momentan auf der Erde toben, droht man innerlich zu kapitulieren und zum Schluss zu kommen, dass man als Einzelwesen eh nicht viel auszurichten vermag. Genau an diesem Punkt erreicht uns nun die grosse Gnade von Swamiji.

Mein Seelenlehrer wird nicht müde dabei, seine Kräfte zu unserem Wohl einzusetzen. Wir können nicht abschätzen, was er alles im Verborgenen tut. Aber wir können die sichtbaren Aktivitäten studieren und so ev. ein Zipfelchen seiner grossen Arbeit erfassen. Das bedingt allerdings auch ein Verständnis von Swamijis Absichten. Doch – wie schon gesagt – spielte mir hier mein übereifriger Geist zeitweise einen Streich. Bevor ich alles durchdacht hatte, begann der Kritiker in mir bereits lauthals zu schreien. Einige Müsterchen davon möchte ich hier erzählen.

Ich weiss noch, als wir eines Tages aufgefordert wurden, allesamt seine Musik zu kaufen oder aus dem Internet herunterzuladen. Dabei ging es um einige spezifische CDs. Mir wollte dieser Aufruf nicht so recht in den Kopf gehen. Wozu sollte das denn gut sein? Es reichte doch völlig aus, wenn ich mit denjenigen CDs arbeitete, die ich schon besass. Weshalb sollte ich mir neue Musik kaufen?

Doch bald erreichte mich die Erklärung: Swamiji wollte, dass seine Musik in die Charts kam. War mein Meister plötzlich dem Ruhme verfallen? Aber nein. Wer solche Gedanken hegt, kennt Swamiji nicht. Seine Absicht war eine ganz andere: je weiter oben seine Musik in den Charts war, umso mehr Menschen würden sie sich anhören. Der Herdentrieb scheint trotz unserer individualisierten Gesellschaft unvermindert gross zu sein. Diesen Umstand nutzt Swamiji aus, aber nicht auf eine habgierige Art und Weise, sondern zum Nutzen von uns allen. Je mehr seine heilenden Klänge gehört werden, umso mehr Wirkung können sie entfalten und dazu führen, positivere Energien zu erzeugen. Als ich dies endlich begriffen hatte, kaufte ich wacker Musik und verschenkte sie in alle Himmelsrichtungen. Schliesslich wollte ich meinem Lehrer helfen, seine Projekte zu realisieren. Zudem fühlte es sich gut an, an der Heilung unserer Erde aktiv mithelfen zu können.

Bald erreichten uns neue Forderungen: ich sollte mich in Facebook eintragen. Mir sind solche Foren ein Gräuel. Zudem wusste ich nicht, wie ich vorgehen musste. So ärgerte ich mich in einem ersten innerlichen Aufwallen der Gefühle gewaltig über die neuen Wünsche. Doch auch hier musste ich schliesslich erkennen: Swamiji vergeudet seine Kräfte nicht, um sich in irgendeiner Form zu profilieren. Seine Aktivitäten dienen ganz alleine uns und sollen helfen, uns vor all den negativen Einflüssen zu bewahren. Dafür schöpft er seine Möglichkeiten voll und ganz aus. U.a. versucht er, möglichst viele junge Menschen zu erreichen. Aus diesem Grund ist er auf Facebook sehr aktiv und lässt uns über diesen Weg viele wertvolle und seelen-nährende Informationen zukommen.

Auch andere Events dienen dazu, neue Menschengruppen anzusprechen. Beispielsweise organisierte Swamiji im Ashram Konzerte, die nicht ausschliesslich seiner heilenden Musik gewidmet waren. Manch einer fragte sich, was solche Klänge in einem heiligen Tempel verloren haben. Doch auch hier wusste Swamiji ganz genau, was er wollte und erreichte seine Ziele wohl auch. Dennoch denke ich, dass ihn solche Kritik schmerzt. Aber mein Lehrer weiss: man muss die Leute dort abholen, wo sie zu finden sind. Das können die modernen

Medien sein, aber eben auch andere Formen der Musik und vieles mehr.

Eines der neusten Projekte ist die weltweite Lancierung des Singens eines Gebets, des *Hanuman Chalisa* (s. Glossar im Anhang). Als ich davon erfuhr, regte sich in mir sofort Widerstand: schon wieder ein Projekt, das zeitaufwändig war. Zudem war man dazu aufgerufen, die Anzahl der gesungenen Gebete regelmässig auf einer Internetplattform einzutragen. Wie sollte ich das alles leisten? Überhaupt: wozu das Ganze? Ich fühlte mich überfordert und reagierte entsprechend mit einer inneren Rebellion. Doch auch hier begann ich mehr und mehr zu verstehen, dass Swamiji lediglich alle möglichen Kräfte mobilisieren wollte und dazu auch verschiedene Mittel einsetzte. So realisierte er u.a. Anlässe, die sogar ins Guinnessbuch der Rekorde aufgenommen wurden. Mein Lehrer wusste: wenn man sich Gehör verschaffen will, muss man sich entsprechend situieren. Dank all dieser Bemühungen beteiligen sich mittlerweile Menschen aus allen Kontinenten an diesem Friedensgesang. Unerlässlich „peitscht" uns Swamiji vorwärts und sorgt dafür, dass wir beim Praktizieren nicht nachlassen.

Um uns zu all den Aktivitäten zu motivieren, nutzt Swamiji nicht zuletzt unser egobehaftetes Streben. So lanciert er immer wieder Wettbewerbe mit lukrativen Preisen. Damit erreicht er mit Erfolg, dass die Menschen ihre Trägheit überwinden und ihr Bestes geben, um einen der attraktiven Gewinne zu erlangen.

Trotz aller Hochachtung vor meinem Lehrer: macht dies alles wirklich Sinn? Ist dies nicht lediglich ein Tropfen auf einen heissen Stein? Ist diesen unglaublich zerstörerischen Kräften auf unserem Planeten nicht besser mit politischen Mitteln beizukommen?

Seit ich das Buch von Gregg Braden (s. Literaturverzeichnis im Anhang) gelesen habe, weiss ich es besser: hier beschreibt der Autor nämlich sehr interessante Studien. Diese möchte ich nicht in ihren Einzelheiten erörtern. Nur so viel sei gesagt: das Erstellen eines kollektiven Fokus ist eine höchst wirksame Angelegenheit. Es gibt Forschung, die belegt, dass beispielsweise eine gemeinsam vollzogene Friedensmeditation kriegerische Tätigkeiten in einem bestimmten Gebiet effektiv einzudämmen vermochte. Allerdings liess dieser Effekt wieder nach, sobald die Meditationen beendet wurden. Andere Studien kamen zu ähnlichen Ergebnissen. Es gelang sogar, die Masse von Menschen auszurechnen, die man einem negativen Trend gegenüberstellen muss. Dafür existiert mittlerweile eine Formel. Einfach gesagt gilt in etwa folgendes Verhältnis: bei einer Stadt mit einer Million Einwohner benötigt es rund hundert Menschen, um eine positive Wirkung zu erzielen. Bei einer Weltbevölkerung von 6 Milliarden Menschen sind ungefähr 8000 Personen nötig.

Solche Studien lassen nicht nur aufhorchen, sie machen auch Mut, dass doch noch nicht alles verloren ist. Leider verbünden sich die zerstörerischen Kräfte ebenfalls. Folglich gilt es, eine entsprechend grössere Masse zu aktivieren, damit eine Gegenbewegung erfolgen kann. So betrachtet sieht es trotz der schlimmen Umstände auf der Welt nicht ganz so aussichtslos aus. Überall entstehen Zellen von Menschen, die sich zusammenschliessen und etwas Hilfreiches lancieren. Auch wenn die Mengenverhältnisse zwischen den noch schlafenden und den bereits aufgewachten Erdenbürgern teilweise erschütternd aussehen, bleibt doch noch ein realistisches Stückchen Hoffnung bestehen, dass wir es schaffen. Wenn wir uns nicht klein kriegen lassen und weiterfahren, in Gruppen einen positiven Fokus zu errichten bzw. ihn über längere Zeit aufrecht zu erhalten, ist unser Handeln in jedem Fall segensreich.

Seit ich diese Fakten kenne, ist mir auch klar, dass es weiterhin Sinn macht, beispielsweise Max Havelaar Produkte zu kaufen bzw. Projekte zu unterstützen, die für ausgewogenere wirtschaftliche Verhältnisse auf der Welt sorgen. Selbst wenn ich meine Mitspieler nicht persönlich kenne: alle bewussten Konsumenten bilden gemeinsam einen kollektiven Fokus. Damit initiieren sie eine Gegenkraft gegen die unglaubliche Gier von Grosskonzernen. Ich bin also als Einzelperson gar nicht so machtlos, wie dies manchmal aussehen mag.

Nun zurück zu meiner Frage, ob meine helfende Tätigkeit in meiner Praxis auch zum Wohle der Menschheit beitragen kann. Ich behaupte ja. Vielfach beginnen Personen, die zu mir kommen, Zusammenhänge vertieft zu verstehen. Das hilft ihnen, ihr eigenes Denken und Handeln zu verändern. Die neuen Gewohnheiten fliessen daraufhin in ihre Familien und ihren Freundeskreis ein. Da für mich meine Klienten wie eine grosse Familie sind, errichte ich mit ihnen einen gemeinsamen Fokus. Weil ich dabei das Gedankengut von Swamiji vertrete, trage ich aktiv dazu bei, das von meinem Lehrer errichtete Kraftfeld zu verstärken.

Eigentlich geht es auf dieser Welt einzig darum, wer den besseren Fokus aufbaut. Gelingt dies denjenigen Menschen, deren Streben aus einer wirklichen Liebe für das Leben auf diesem Planeten entspringt, dürfen wir hoffen. Überlassen wir hingegen vor lauter Ohnmachtsgefühlen das Feld den zerstörerischen Kräften, haben wir es versäumt, die Macht des Fokus zu erkennen und zu nutzen. Also dürfen wir in unserem Streben nicht nachlassen, auch wenn wir manchmal müde und lustlos werden, weil das Leben unter den heutigen Umständen ziemlich anstrengend ist.

11 – Abschliessende Betrachtungen

Wir sind bereits am Ende dieses Buches angelangt. Nun hoffe ich natürlich, dass es dir – lieber Leser – Spass gemacht hat bzw. dass du einiges lernen konntest, das dir nun bei der weiteren Seelenarbeit dienlich ist. Hier möchte ich noch einmal den Bogen zurück zum Ausgangspunkt dieses Buches spannen.

Wie in Kapitel 10 geht es auch dort primär darum, unreifen und sogar destruktiven Kräften in mir etwas Neues entgegenzusetzen. Dieses Neue muss einem reiferen Teil meines Menschseins entsprechen, wenn es wirklich eine Verbesserung bringen soll. Weil mein Bewusstsein aber in noch unreifen Formen gefangen ist, kann ich kaum ermessen, welche konkreten Schritte mich in die gewünschte Richtung führen. Dennoch muss ich irgendwie handeln.

Viele Menschen unterliegen hier dem Irrtum, dass sie für eine Verbesserung der Lebensumstände primär mehr wissen müssten. So denken sie häufig, ich hätte keine Probleme, wie dies bei ihnen der Fall sei. Ich könne doch so viel sehen und wisse so vieles. Besonders wenn es um frühere Leben geht oder – noch fantastischer – sogar um die Zeit zwischen den Leben – sind sie sehr fasziniert und meinen, dass solche Kenntnisse ihren Missständen rasch ein Ende setzen würden. Dies mag in seltenen Fällen effektiv so sein. Aber – wie sich im Vorwort dieses Buches sehr deutlich zeigt – ist es häufig nicht der Fall. Wir finden lediglich Muster, die sich von einer irdischen Existenz in die nächste weiter ziehen und offensichtlich sogar zwischen den Leben wirken. Diese Muster sind aber ebenso gut im aktuellen Leben sichtbar, wenn wir uns die Mühe nehmen, es genau zu betrachten. Es reicht also meistens, mit dem bestehenden Wissen konstruktive Wege zu finden. Dafür müssen wir in der Regel unsere Lebensstrategien genauer unter die Lupe nehmen. Hier liegen nämlich oft die Quellen für Misserfolg.

In meinem konkreten Fall liegt der Schlüssel für Verbesserungen zu einem guten Teil beim Setzen eines erfolgsversprechenden Fokus. Wie ich dies leisten könnte, habe ich in Kapitel 8 ausführlich beschrieben. Da ich mich damit in unbekanntes Neuland begebe, braucht es Mut. Dieser ist auch deshalb erforderlich, weil ich die einzelnen

Schritte nicht abschätzen kann. Das einzige, das mir im ganzen Prozess einen verlässlichen Halt vermittelt, ist mein geliebter Swamiji. Solange er mich und andere in der Seelenentwicklung weiter führt, darf ich darauf hoffen, eines Tages meine angestrebten Ziele zu erreichen. Wie diese genau aussehen, weiss ich nicht. Vielleicht gehen sie in Richtung der Vision aus meiner Kindheit (s. Kapitel 8.2). Wie dem auch sei: auch wenn ich nicht viel weiss, mache ich vertrauensvoll weiter und folge meinem Weg. Aus diesem Grund wird es einen weiteren Band in dieser Bücherreihe geben. Er wird sich mit dem tierischen Erbe in uns Menschen befassen. Hier wird u.a. ein bereits in der Einführung beschriebener Aspekt thematisiert: das Unterbewusstsein, das unsere Aufmerksamkeit plötzlich und ohne erkennbaren Grund auf einen Gegenstand lenkt. Dieser Gegenstand kann eine äussere Erscheinung sein, aber auch ein Gedanke, der unvermittelt auftaucht. Solche unwillkürlichen Bewegungen unseres Bewusstseins kann man im Prinzip als Gegenstück zum gezielt gesetzten Fokus betrachten. Neugierig geworden? Bis es soweit ist, wünsche ich dir, lieber Leser, viel Erfolg beim bewussteren Umgang mit deinem Fokus!

Anhang

A. Glossar

Ashram   Klosterähnliches Meditationszentrum. Der spirituelle Leiter und Führer eines Ashrams ist der Guru, also ein spiritueller Lehrer. Daneben gibt es noch andere Verantwortliche wie Yogis und Priester, die verschiedene Funktionen erfüllen (Rituale durchführen, Bhajans singen, Vorträge halten etc.).

Aura   Dies ist die Bezeichnung für unsere Energiekörper. Dabei handelt es sich um feinstoffliche Körper, die für manche Menschen als leuchtende Erscheinung rund um den physischen Körper sichtbar sind.

Aura Soma   Aura Soma bezeichnet ein Farbsystem, das u.a. dazu dient, sich selbst besser kennen zu lernen. Es besteht aus einer grossen Sammlung von farbigen Essenzen in Flaschen. Jede dieser farbigen Flaschen steht für gewisse Energie-Qualitäten. Indem wir mit diesen Essenzen arbeiten, können wir entsprechende Energien in uns harmonisieren.

Ayurveda   Ayurveda ist eine traditionelle indische Heilkunst, die auch in Europa verbreitet angewendet wird.

Bonsaigarten   Im Ashram gestaltete Swamiji einen kleinen Park, in dem unzählige Bonsais stehen.

Chakra   Das Wort *Chakra* bezeichnet subtile Energiezentren zwischen dem materiellen und dem feinstofflichen Körper. Bekannt sind vor allem sieben Chakren, welche als Hauptchakren bezeichnet werden. Sie befinden sich entlang der Wirbelsäule.

Hanuman Chalisa   Das Hanuman Chalisa ist ein Gebet in Form eines Liedes, welches der Gottheit Hanuman gewidmet ist. Hanuman hat die Gestalt eines Affen und ist einer der populärsten Hindu-Götter. Das Wort *Chalisa* leitet sich vom Hindi Wort *chalis* ab, welches vierzig bedeutet, denn das Gebet besteht aus 40 Strophen.

I-Ging	I-Ging ist eine Sammlung von Weisheitssprüchen, welche aus uralten chinesischen Quellen stammen. Zu ihrem Ursprung gibt es mehrere Theorien. In der heutigen Form wird es vor allem als Buch der Weisheit sowie als Basis für Orakel benützt.
Karma	Die Karma-Lehre ist ein spirituelles Konzept, nach dem jede Handlung – physisch wie geistig – unweigerlich eine Folge hat. Diese Folge muss nicht unbedingt im gegenwärtigen Leben wirksam werden, sondern sie kann sich möglicherweise erst in einem zukünftigen Leben manifestieren.
Kinesiologie	Kinesiologie ist eine Methode, um Blockaden im Energie- und Körpersystem abzubauen. Dadurch können die Gesundheit und das Wohlbefinden sowie die Leistungsfähigkeit verbessert werden.
Nada Mantapam	Grosse Halle im Ashram für verschiedenste Veranstaltungen wie Konzerte, Vorträge oder das Zelebrieren von Festen.
Navaratri	Am Navaratri feiern die Hindus den weiblichen Aspekt des Göttlichen – die göttliche Mutter – und bitten um Schutz, Wohlstand und spirituelle Transformation.
Polarity	Polarity ist eine Behandlungsmethode, welche den Energien im Körper wieder zu einem natürlichen Fluss verhilft. Dadurch erfolgt ein besseres gesundheitliches Gleichgewicht.

Puja	In der Puja (sprich „putscha") wird das Göttliche in Form einer Statue aus Metall oder anderen Materialien oder auch nur aus einem bunten Emblem wie z.B. einem Lingam (Symbol für Shiva) oder Dreizack (ebenfalls Symbol für Shiva) verehrt. Sehr verbreitet ist auch die Anbetung des Göttlichen in bestimmten Pflanzen oder in einem Krug Wasser. Zur Verehrung dienen u.a. geweihtes Wasser, Licht und Schmuckgegenstände, mit denen die Gottheit in Demut gewaschen, geehrt und geschmückt wird. Opfergaben wie Blumen, Reis, Milch und geheiligte Speisen (Prasad) gehören als Zeichen der Dankbarkeit und Ehrerbietung zu jeder Puja. Sie werden der Gottheit während des Rituals dargebracht.
Shuka Vana	Swamiji liess eine grosse Vogelstation mit riesigen Volieren und einem Vogelspital errichten. Dort fanden und finden auch weiterhin viele Papageien eine Heimat, auch vom Aussterben bedrohte Arten.
Tarot-Karten	Tarot besteht aus einem Kartensatz von 78 Stück. Diese werden vor allem zum Wahrsagen verwendet.

B. Sri Ganapathi Sachchidananda Swamiji

Auszug aus der Internetseite *www.dyc.ch*

„Sri Swamiji wurde am 26. Mai 1942 in Südindien geboren und fiel schon als Kind durch seine besonderen Begabungen auf. Als Junge veranstaltete er Treffen mit seinen Schulfreunden und hielt diese an, mit ihm Lieder zur Preisung Gottes zu singen, sogenannte Bhajans.

Sein Lehrer, respektive seine Lehrerin war seine eigene Mutter, selbst eine geistig überdurchschnittlich begabte Frau. Sie ihrerseits hatte zwei Lehrer: einen Yogi der hinduistischen Tradition, ... und einen muslimischen Fakir. Sie vermittelte ihrem Sohn die wesentlichen Erkenntnisse und bereitete ihn auf seine große Lebensaufgabe vor. Sie starb, als der Junge gerade erst elf Jahre alt war.

Nach langen Wanderjahren, Aufenthalten bei Verwandten und Begegnungen mit weiteren Lehrern gründete Sri Swamiji 1966 den Ashram in Mysore. Damals noch eine Wildnis, wurde daraus über die Jahre hinweg ein großes Zentrum mit Tempeln und Bauten von beachtlichem architektonischem und künstlerischem Wert.

Mit unermüdlichem Einsatz ist es Sri Swamiji gelungen, innerhalb von ca. 30 Jahren einen sehr gepflegten Ort der Einkehr und des Friedens 'aus dem Nichts' zu erschaffen. Gleichzeitig hat er viele soziale Werke ins Leben gerufen, allen voran das gemeinnützige Spital im Ashram selbst, Primar- und Sekundar-Schulen für mittellose Kinder in der Stadt Mysore, Heime für benachteiligte Frauen und für Behinderte in anderen Gebieten Indiens.

Sein Wirken hat sich auf das ganze Land Indien und über die Kontinente hinweg erstreckt. Entsprechend sind unter seiner Führung weltweit Zentren entstanden, die die spirituellen und sozialen Aktivitäten gemäß seiner Lehre unterstützen."

„Sri Swamiji ist im Westen durch seine Musik, Seminare und Lehrtätigkeit bekannt. In Indien wird er als großer Yogi und Meister verehrt, der die alte vedische Tradition pflegt und täglich praktiziert. Als Hindu aufgewachsen, befolgt er die religiösen Disziplinen seines kulturellen Umfeldes, lehrt jedoch, dass es viele Wege gibt, um das Heil zu erlangen und respektiert alle Religionen und Menschen der verschiedenen Glaubensrichtungen gleichsam. Sri Swamiji vermittelt einen wesentlichen Teil seiner Botschaft durch seine Musik, aber auch durch Kurse und Seminare, wie Kriya-Yoga und Vedanta (den 'Advaita-Vedanta' = die philosophische Lehre der 'Nicht-Zweiheit'). Er ermutigt die Menschen, ihre eigene Tradition zu schätzen und sich gleichzeitig auf die wesentlichen Werte im Leben zu besinnen. Er strahlt die wohltuende Ruhe und von Mitgefühl getragene Kraft eines erleuchteten Meisters aus, der im Zustand vollkommenen Bewusstseins ist."

Sri Swamiji sagt über sich selbst:
'Swamiji ist wie ein Stock, mit dessen Hilfe ihr einen Berg erklimmen könnt. Wenn ihr oben angelangt seid, vergesst nicht, den Stock hinunter zu werfen, für die anderen, die unten warten.'

C. Es braucht nur ein Ja

Eine Weihnachtsgeschichte von Susanna Sarasin

Hier sass er nun also, im Knast. Das hatte er wahrlich nicht gesucht. Oder etwa doch? Irgendwie war er sogar froh gewesen, als die Falle zugeschnappt und er abgeführt worden war. Er hatte Mist gebaut, hatte das Schicksal herausgefordert, das war ihm bewusst. Und jetzt hatte er den Schlamassel: täglich sah er sich mit Grenzen konfrontiert, die er sich nicht selbst hatte setzen können. Oder vielleicht nicht wollen? Die Mauern der Zelle engten ihn ein. Aber irgendwie wirkten sie auch tröstlich. Ärgerlich schüttelte er den Kopf: Seit wann war er denn sentimental?

Begonnen hatte es schon vor Jahren. Mit viel Einsatz hatte er sich als junger Mann von der Basis in die oberen Etagen hochgearbeitet. Dann, eines Tages, war die Verlockung da gewesen: es war so leicht, ein kleines Bisschen Geld abzuzweigen. Wem tat dies schon weh? Bei diesen hohen Beträgen, mit denen er täglich arbeitete, waren es wirklich nur winzige Summen. Weil alles so einfach ging, wurde er mit der Zeit dreister. Seine Ansprüche begannen zu wachsen, sein neuer Lebensstil war kostspielig. Im Grunde genommen wäre alles nicht nötig gewesen. Wenn er ehrlich sein wollte, hatte er alles, was er sich einmal erträumt hatte: eine liebe Frau, drei reizende Kinder, auf die er echt stolz war, und ein hübsches Häuschen mit Garten.

Verglich er mit dem Standard, den er als Kind genossen hatte, war es paradiesisch. Doch diese Extras – kleine Jacht im Ausland, eine luxuriöse Wohnung hier, ein kleines Ferienhäuschen dort, überall Frauen, die ihn anhimmelten – das alles gab ihm das Gefühl, wichtig und weltmännisch zu sein. Seine Grosszügigkeit verlieh ihm eine Aura der Wohltätigkeit, die ihm schmeichelte. Es war gar nicht einfach gewesen, dies alles zu verheimlichen. Seine Familie hatte schlussendlich akzeptiert, dass er beruflich einfach häufig unterwegs war.

Tja, nun war der ganze Schwindel aufgeflogen. Er sah noch immer die grossen und ungläubig blickenden Augen seiner Frau, als sie ihn holen kamen. Die Kinder taten ihm leid, sie wirkten völlig verschreckt. Sie konnten ja noch nicht verstehen, was da vor sich ging. Mittlerweile hatte sich seine Frau von ihm distanziert, wollte offensichtlich nichts mehr von ihm wissen. Zudem schirmte sie die Kinder völlig ab, so dass er sie nicht mehr zu Gesicht bekam. Das tat weh, denn er liebte sie sehr. Sie waren sein ganzer Stolz. Aber irgendwie konnte er es seiner Gattin nicht einmal verübeln, vielleicht würde er gleich handeln.

Nun musste er sich mit Gericht, Anwalt und Gefängnisalltag herumschlagen. Das behagte ihm nicht besonders. Vor allem die langen Stunden des Alleinseins, des Nichtstuns, setzten ihm zu. Seine Zelle kannte er inzwischen in- und auswendig. Jede Unebenheit der Wände hatte er bereits studiert. Das Muster der Platten auf dem Fussboden hätte er wohl auswendig aufzeichnen können. Die Arbeit in den Werkstätten fand er auch nicht gerade erhebend, aber immerhin erlöste sie ihn von der Eintönigkeit. Das Essen war ordentlich, einfache Hausmannskost eben. Mit den anderen Häftlingen konnte er nicht besonders viel anfangen. Die meisten hatten nur kleine Delikte begangen und waren eher simple Gemüter.

Er seufzte. Und das alles vor Weihnachten. Nicht dass er mit solchen Festen viel am Hut hatte. Aber die Kinder! Ihre Vorfreude, ihre leuchtenden Augen, das alles hatte sein Herz jeweils mit Wärme und Freude erfüllt. Er musste zugeben, dass man sich im Gefängnis Mühe gab. Immerhin waren die Gemeinschaftsräume geschmückt. Aber ihm persönlich brachte solcher Firlefanz nicht viel. Einmal war sogar ein Frauenverein gekommen und hatte einen Adventsnachmittag gestaltet. Im Grunde genommen fand er solche Veranstaltungen dämlich. Um aber der Einsamkeit der Zelle zu entfliehen, hatte er trotzdem teilgenommen. Hinterher musste er zugeben, dass die Frauen es gar nicht so schlecht gemacht hatten. Irgendwie war er anschliessend fast ein bisschen zufrieden gewesen.

Nachdenklich legte er sich auf sein Bett und starrte an die weisse Decke. Was konnte er von seinem Leben noch erwarten? Er war sich bewusst: selbst wenn er seine Haft in einigen Jahren würde abgesessen haben, war seine Zukunft ruiniert. Wer wollte schon etwas mit einem Menschen zu tun haben, der sich die Hände so sehr beschmutzt hatte? Wahrscheinlich endete er dort, wo er begonnen hatte: in ärmlichen Verhältnissen, ohne grosse Aussicht auf irgendwelchen Erfolg, am

Rande der Gesellschaft. Ja, so hatte er es in der Kindheit erlebt. Allerdings musste er seinen Eltern zugutehalten, dass sie völlig ehrbare Menschen waren. Die Nachricht über die Entgleisung ihres Sohnes musste sie sehr getroffen haben. Bis jetzt hatte er noch nicht die Möglichkeit gehabt, mit ihnen in Kontakt zu treten. Ob sie dies überhaupt wollten? Und ob er es überhaupt wollte? Er konnte es noch nicht sagen.

Die einzige Person aus seinem Verwandtenkreis, die er bald sehen würde, war seine Schwägerin. Sie war Anwältin und hatte sich sofort eingeschaltet, als seine Verhaftung bekannt wurde. Ausgerechnet sie, gegen die er eine gewisse Abneigung hegte. Deshalb hatte er sie zuerst abgewimmelt, wollte nicht, dass sie sich einmischte. Doch als er erkannte, dass sein Pflichtverteidiger zu nichts taugte, nahm er das Angebot zähneknirschend an. Immerhin war sie eine der Besten in ihrer Branche. Es wäre ja idiotisch, sich gegen eine solche Chance querzustellen.

Doch eben, er mochte sie nicht. Irgendwie konnte er es ihr nicht verzeihen, dass sie seinen Bruder geheiratet hatte. Dadurch war einer seiner besten Kumpel nicht mehr frei verfügbar. Das gab ihm das Gefühl, eine wichtige Vertrauensperson verloren zu haben.

Nun würde er also das zweifelhafte Vergnügen haben, diese Frau zu treffen, und zwar schon in wenigen Minuten. Warum sie dieses Amt auf sich nehmen wollte, konnte er sich nicht erklären. Immerhin war er nun ein pechschwarzes Schaf in der Familie.

Als er geholt wurde, war ihm ein bisschen mulmig zumute. Seine Schwägerin sass schon da, hatte einen Stoss Akten vor sich liegen und blickte ihm freundlich entgegen. Verunsichert erwiderte er ihren Gruss. Wie konnte sie so nett sein? Immerhin war er nun ein Verbrecher. Doch das schien sie nicht zu beeindrucken. Sofort machte sie ihm klar, dass sie mit ihm zusammenarbeiten wolle und ihr Möglichstes tun werde, seine Strafe in einem tiefen Bereich zu halten. Anschliessend sei sie daran interessiert, seine Reintegration in die Gesellschaft zu begleiten. Sie habe genügend Beziehungen, damit sie ihm dort helfen könne. Völlig perplex schaute er sie an. Wo blieb die Standpauke? Oder zumindest die Verachtung in ihrer Stimme oder ihrem Blick? Oder vielleicht eine unterschwellige Anklage? Da seine Mimik Bände sprach, lachte sie und meinte: „Ich weiss, was du von mir erwartest. Vergiss es! Du bist ein Mensch wie ich auch. Der einzige Unterschied: du hast dich zu etwas verleiten lassen, das dich nun einiges kosten wird. Aber ich weiss, dass das nicht wirklich du bist. Ich weiss, dass du ein guter Kerl bist und ich mag dich halt trotz allem. Immerhin bist du mein Schwager und gehörst zur Familie. Auch deine Eltern teilen diese Meinung. Mit deiner Frau sind wir in Kontakt, sie steht noch unter Schock. Also arbeite an dir und lass den Rest uns machen."

Dieser „Rest" war vorerst eine kurze Sache. Sie wollte nur noch einige Fakten von ihm wissen, dann packte sie ihre Papiere wieder ein, setzte den nächsten Termin fest und verabschiedete sich.

Völlig perplex ging er in seine Zelle zurück. In seinem Kopf begann es zu drehen. Und plötzlich passierte etwas, das er seit seiner Kindheit eigentlich nicht mehr gekannt hatte: die Tränen rannen ihm über die Backen. Es wurden fortlaufend mehr und schliesslich kam das Weinen tief aus seinem Bauch heraus. Es wurde immer heftiger und bald schüttelte es ihn richtiggehend. Auf einmal fiel wie eine Lähmung von ihm ab. Es war, als würde er aus einer langen Trance erwachen. Was war nur mit ihm passiert? Wie hatte er sich in so etwas verstricken können? Welche Geister hatten ihn da geritten? Er begann, laut und heftig zu schluchzen. Er konnte einfach nicht verstehen, warum er all dies angerichtet hatte. Er schämte sich zutiefst. Wie konnte er den anderen Menschen je wieder ins Gesicht schauen, oder - noch schlimmer - wie war es möglich, sich selbst wieder ins Gesicht zu schauen? Langsam ebbte der Heulkrampf ab, es wurde ruhiger in ihm. Erschöpft blieb er mit geschlossenen Augen liegen.

Plötzlich sah er die Gesichter der Kinder vor seinem inneren Auge. Sie wirkten so unschuldig und schienen von innen heraus zu leuchten. Dabei konnte er richtiggehend spüren, wie sehr dieses Licht sie an ein Leben, an eine Zukunft glauben liess. Auch wenn ihre Phantasien manchmal ein bisschen unrealistisch waren: es steckte viel Kraft in diesem Glauben, und diese Kraft hatte auch ihn getragen, an eine gute Zukunft glauben lassen. Nun hatte er alles zerstört. Oder vielleicht doch nicht? Gab es vielleicht noch eine Chance? Seine Schwägerin hatte ihm klar und deutlich gesagt, sie würde ihm helfen. Und was diese

Frau in die Hände nahm, gelang auch. Davon hatte er sich schon mehrfach überzeugen können. Er musste nur noch ja sagen, ja zu einer Zukunft.

Unvermittelt spürte er ein Sehnen danach, Weihnachtslieder zu hören, Kerzenlicht zu sehen und die Weihnachtsgeschichte zu lesen. War er nun etwa übergeschnappt? Brauchte er vielleicht einen Psychiater? Doch nein, irgendwo, tief in sich spürte er: etwas hatte sich verändert. Er wollte wieder leben und lieben. Er wollte seinen Kindern wieder Vater sein, seiner Frau wieder ein Ehemann. Und dieses Gefühl passte irgendwie zu Weihnachten. Er wusste zwar nicht warum, aber es war ihm auch egal. Es war einfach so. Ab jetzt würde er dieses Fest der Musik, der Lichter und der Verheissungen immer in seinem Herzen tragen. Es war von nun an untrennbar mit seinem Ja zu einem neuen Leben verbunden. Er wusste, dass er einen weiten Weg zu gehen hatte, aber er war bereit dafür. Dieses Licht, das seine Kinder trug, würde auch ihn tragen.

D. Literaturverzeichnis

Braden Gregg.(2009). *Im Einklang mit der göttlichen Matrix*. Burg-rain: KOHA-Verlag GmbH.

Brunton Paul. Verschiedene Werke, vergriffen oder nur noch in engli-scher Sprache erhältlich.

Enders Giulia (2014). *Darm mit Charme*. Ullstein.

Krishnamurthy Kuppa Venkata (1995): *Spiegel des Absoluten*. Berlin: Theseus-Verlag. Kann auch über die Datta Yoga Centers Schweiz oder Deutschland (s. unten) bezogen werden.

Newton Michael (1996). *Die Reisen der Seele*. Wettswil: Astrodata.

Newton Michael (2001). *Die Abenteuer der Seelen*. Wettswil: Astro-data

Piaget Jean. Verschiedene, heute zumeist vergriffene Werke.

Roberts Jane (1986). *Das Seth-Material*. Genf, München: Ariston Ver-lag.

Roberts Jane (1985). *Die Natur der persönlichen Realität*. Genf: Aris-ton Verlag.

Roberts Jane (1995). *Die Natur der Psyche*. Kreuzlingen, München: Heinrich Hugendubel Verlag.

Roberts Jane (1976). *Dialog der Seele*. München: Goldmann Verlag.

Roberts Jane (1972). *Gespräche mit Seth*. Genf: Ariston Verlag.

Roberts Jane (1989). *Seth und die Wirklichkeit der Psyche, Band 1*. München: Goldmann Verlag.

Roberts Jane (1989). *Seth und die Wirklichkeit der Psyche, Band 2*. München: Goldmann Verlag.

Sarasin Susanna (2015). *Erinnere dich an deine Heimat, liebes Seelen-kind.* Norderstedt: BoD.

Sarasin Susanna (2014): *Gute Reise, liebes Seelenkind*. Bezugsmög-lichkeiten s. Anhang E.

Sarasin Susanna (2014): *Lerne verstehen, liebes Seelenkind*. Bezugs-möglichkeiten s. Anhang E.

Die nachfolgenden Werke sind über die Datta Yoga Centers Schweiz oder Deutschland zu beziehen:
www.dyc.ch oder www.dycgermany.de

Wunder seiner Heiligkeit. Berichte von Swamijis Anhängern aus Nord-Amerika.

Geschenkte Erfahrungen. Berichte von Swamijis Anhängern aus Deutschland und der Schweiz.

E. Bände 1 – 3

Gute Reise, liebes Seelenkind. Band 1
Wer bin ich?
Wer bist du?
    Weisst du vielleicht eine Antwort auf diese Fragen? Dann weisst du mehr als ich. Aber ich lerne täglich unter der Obhut meines geliebten Lehrers Sri Ganapathi Sachchidananda Swamiji. Eines Tages kann ich vielleicht sagen: Jetzt habe ich es begriffen. Bis dann gehe ich unbeirrt meinen Weg und teile das, was ich schon weiss, mit denen, die es hören wollen. Du bist herzlich eingeladen, mich ein Stück weit auf meinem Lebensweg zu begleiten und an meinen Erkenntnissen teil zu haben. Dabei wirst du ziemlich sicher Parallelen in deinem Leben finden und dadurch die eigene Geschichte besser verstehen lernen.

Lerne verstehen, liebes Seelenkind. Band 2
Müssen wir wirklich bestimmte Dinge einfach GLAUBEN, wenn wir uns in spirituelle Bereiche begeben? Ich ziehe es aber eindeutig vor, zu WISSEN. Zudem bin ich überzeugt davon, dass effektiv die Möglichkeit besteht, durch geduldiges Forschen an Wissen heranzukommen, das uns viele bisher rätselhafte Phänomene erklärt.
    Dieses Büchlein wendet sich an Personen, die mit entsprechenden Forschungen beginnen möchten bzw. bereits begonnen haben. Es liefert erste und einfachste Grundlagen, um ein Verständnis für unser Sein aufzubauen. Dadurch ermöglicht es dem Leser, eigene Erfahrungen und Beobachtungen einzuordnen und in der Folge immer mehr von sich und der Welt zu begreifen.

Beide Bücher sind nicht im Buchhandel erhältlich. Sie können unter folgender Adresse bezogen werden:
Susanna Sarasin
Olivenweg 12
CH-3018 Bern
ssarasin@sunrise.ch

Erinnere dich an deine Heimat, liebes Seelenkind. Band 3
Woher komme ich? Wohin gehe ich nach dem Tod?

Wenn ich das wüsste, wäre mir um einiges klarer, wer ich in Wirklichkeit bin.

Ausgangspunkt von Band 3 dieser Bücherreihe ist wiederum meine eigene Geschichte. Die Suche nach Antworten trieb mich stetig voran. Meine Erlebnisse und die daraus erfolgenden Einsichten führten zu immer mehr Erkenntnissen.

Indem du, lieber Leser, mich auf meinem Weg begleitest, lernst du gleichzeitig viel von deiner eigenen Geschichte verstehen. Zudem bekommst du Einblicke in Dimensionen, die dir möglicherweise neu sind. Einerseits erhältst du also Antworten auf eigene Fragen, andererseits wird dieses Buch auch neue Fragen aufwerfen. Ich hoffe, du bist am Schluss der Lektüre motiviert, deine eigene Forschungsreise mit viel Neugierde fortzusetzen.

ISBN: 978-3-7386-2766-4